Gelassenheit
beginnt im Kopf

Weltbild Taschenbuch

Der Autor

Thomas Hohensee, geb. 1955, war viele Jahre als Jurist und Schuldnerberater tätig. Danach absolvierte er eine Ausbildung am Deutschen Institut für Rational-Emotive und Kognitive Verhaltenstherapie. Er lebt als Autor und Coach für Persönlichkeitsentwicklung in Hamburg.

Thomas Hohensee

Gelassenheit beginnt im Kopf

So entwickeln Sie einen entspannten Lebensstil

Weltbild

Genehmigte Lizenzausgabe für Verlagsgruppe Weltbild GmbH,
Steinerne Furt, 86167 Augsburg

Umschlaggestaltung: bürosüd°, München
Umschlagmotiv: bürosüd°, München
Gesamtherstellung: CPI Moravia Books s.r.o., Pohorelice
Printed in the EU
978-3-8289-5429-8

2013 2012 2011
Die letzte Jahreszahl gibt die aktuelle Lizenzausgabe an.

Einkaufen im Internet:
www.weltbild.de

Inhalt

Einen entspannten Lebensstil entwickeln

Warum sind wir immer wieder gestresst?

Morgens nehmen wir uns vor, ruhig und gelassen zu bleiben, egal was passiert, und am Abend stellen wir fest, dass uns die Ereignisse des Tages wieder einmal einen Strich durch die Rechnung gemacht haben. Was ist passiert? Die meisten Menschen machen die Erfahrung, dass es ständig auf und ab geht. Man macht Pläne, aber dann kommt alles ganz anders. Man möchte einfach ganz entspannt im Hier und Jetzt leben, aber dann beschleunigen sich die Dinge, und man befindet sich wieder in einem Wechselbad der Gefühle. Es geht einfach zu viel schief. Ständig muss man reagieren, und die Träume von einem angenehmen und entspannten Leben bleiben mehr und mehr auf der Strecke.

Wir leben in keiner heilen Welt. Was kann nicht alles passieren! Kann man da gelassen bleiben? Nein, man muss. Muss man? Nein, natürlich nicht. Wir beweisen uns täglich, dass es viel leichter ist, das innere Gleichgewicht zu verlieren. Es

reißt uns einfach immer wieder fort. Jedenfalls kommt es uns so vor.
Arbeitslosigkeit, Terrorismus, Finanzkrisen, Kriege, Stress in der Familie und Stress im Beruf. Angesichts solcher Umstände sind Angst, Wut, Hilflosigkeit oder gar Panik und Depression naheliegend. Oft wünschen wir, dass uns diese Gefühle erspart blieben. Wir möchten

- endlich einmal abschalten können, nicht immer dieselben Probleme bei Tag und Nacht wälzen,
- die richtige Einstellung zu Problemen finden, so wie einige wenige dies zu können scheinen (wie schaffen diese »Ausnahmemenschen« es bloß, auch in herausfordernden Situationen souverän und handlungsfähig zu bleiben?),
- vor Problemen nicht davonlaufen, sondern sie entschlossen und zuversichtlich anpacken.

Genau dies (und noch viel mehr) lernen Sie in diesem Buch:

- Sie bewerten in Ruhe alles, was auf Sie zukommt, und bleiben auf dem Boden der Tatsachen. Dadurch sehen Sie vieles gleich von vornherein gelassener, oder Sie beruhigen sich zumindest schneller wieder.
- Sie schalten ab und erholen sich, wann immer Sie dies wünschen.
- Ihre Probleme bekommen eine neue Bedeutung. Sie werden zum Ausgangspunkt eines besseren Lebens, das Ihren Bedürfnissen und Wünschen mehr entspricht.

Gelassenheit in schwierigen Zeiten zu bewahren, das ist eine echte Herausforderung. Sie können sich jedoch einen Sport daraus machen und die widrigen Ereignisse im Leben als gute

Trainer begreifen, die versuchen, Sie aus der Bahn zu werfen. Ihre Aufgabe ist es, trotz aller Probleme das innere Gleichgewicht zu halten und durch dieses Training immer stärker und stärker zu werden.

Ohne es zu wissen, sind wir immer nur ein paar Gedanken vom inneren Frieden entfernt. Wir können uns mit unseren Überlegungen und Phantasien Stress bereiten. Aber ebenso sind wir in der Lage, mit Hilfe der Gedanken innere Gelassenheit zu schaffen.

Diese Erkenntnis hatte bereits der Philosoph Epiktet vor 2000 Jahren: »Nicht die Dinge selbst, sondern ihre Vorstellung von den Dingen beunruhigt die Menschen.«

Epiktet entwickelte zusammen mit anderen die Philosophie der Stoiker. Und stoische Ruhe ist bis heute der Inbegriff unerschütterbarer Gelassenheit.

Amerikanische Psychotherapeuten haben vor einiger Zeit die Grunderkenntnisse der Stoiker aufgegriffen und eine neue Richtung der Psychotherapie, die Kognitive Verhaltenstherapie, geschaffen. Wissenschaftliche Studien beweisen, dass diese sehr gut zur Behandlung von Ängsten und Depressionen geeignet ist. Wir brauchen nun aber nicht zu warten, bis wir krank werden, sondern können die Methoden dieser alten Philosophie und neuen Therapie nutzen, um einen gelasseneren, stressfreieren Lebensstil zu entwickeln.

Auch andere Verfahren wie Autogenes Training, Meditation, Massage oder Yoga können uns helfen, inneren Frieden zu erlangen. Ihre volle Wirksamkeit erreichen diese Methoden aber nur, wenn eine wichtige Erkenntnis hinzukommt: Gelassenheit beginnt im Kopf.

Geht es auch anders?

Es geht auch anders, aber Gelassenheit ist nicht jedermanns Sache. Unsere erlernten Denk-, Gefühls- und Verhaltensmuster sind durch andauernde Wiederholung wie mit uns verwachsen. Viele Menschen identifizieren sich mit ihren Stressmustern und glauben, nicht mehr »sie« zu sein, wenn sie anders denken, fühlen und handeln.

Man hat die Wahl. Einerseits kann man rein mechanisch den alten Denk-, Gefühls- und Verhaltensmustern folgen. Dann passiert das, was immer passiert. Andererseits kann man die Automatik abschalten und so lange auf »Handsteuerung« umschalten, bis durch zahlreiche Wiederholungen neue Gewohnheiten entstanden sind. Das braucht Zeit, und man muss am Anfang sehr aufmerksam sein; denn es ist unmöglich, mit abgeschaltetem Verstand etwas Neues zu lernen.

Außerdem ist es wichtig, dem sozialen Druck zu widerstehen. Viele Menschen in Ihrer Umgebung werden Sie misstrauisch beäugen oder sogar offen kritisieren, wenn Sie nicht mehr den üblichen Gefühlsschwankungen und dem alltäglichen Stress unterliegen. Manche werden dies aus Neid tun, andere aus Unwissenheit. Jedenfalls werden Ihre »lieben« Mitmenschen nicht lockerlassen, Sie wieder auf Linie zu bringen. Sie möchten, dass Sie Teil der allgemeinen Stresskultur bleiben.

Jeder gelassene Mensch ist eine Herausforderung für seine Umwelt, weil er bzw. sie beweist, dass es auch anders geht. Leiden ist dann keine Selbstverständlichkeit mehr, sondern die Folge bestimmter Denk- und Verhaltensweisen. Anstatt sich über diese Erkenntnis zu freuen, weil sie einen Weg zu einem ausgeglichenen angenehmen Leben weist, ist dieser

Gedanke für viele Menschen unerträglich. Sie sehen hier keine einfache Verkettung von Ursache und Wirkung, sondern werfen die Schuldfrage auf: »Soll das etwa heißen, dass ich an meinem Leiden selbst schuld bin?« Oder noch dramatischer: »Jetzt leide ich schon so sehr, und jetzt werfen Sie mir auch noch vor, dass ich selbst daran schuld bin.«
Die Schuldfrage führt nicht weiter. Wenn man die Farben Gelb und Blau mischt, entsteht Grün: Das ist ein einfacher Tatsachenzusammenhang. Die Fragen, ob jemand daran »schuld« ist, und falls ja: wer, sind vollkommen uninteressant. Die Tatsache, dass aus Gelb und Blau Grün entsteht, ist entscheidend. Soll man das Verhältnis von Ursache und Wirkung leugnen, weil jemand Schuldfragen aufwirft? Niemand ist gezwungen, den Hinweis auf Tatsachen als Vorwurf aufzufassen.
Die einen sind gelassen, die anderen nicht. Wer es nicht ist, kann es lernen. Jedoch muss es niemand lernen, und keiner muss sich schuldig fühlen, wenn er es nicht lernt. Weit und breit kein Grund, sich aufzuregen. Aber natürlich können manche, die Gelassenheit nicht lernen wollen, in dieser Frage nicht gelassen bleiben.

Unsere Aufgabe im Leben

Menschen neigen offensichtlich dazu, sich unglücklich zu machen. Sonst hätte sich niemals eine Kultur entwickeln können, in der Leiden eine solche Rolle spielt.
Die westliche Hauptreligion, das Christentum, ist traditionell eine Religion des Leidens, auch wenn sie paradoxerweise be-

hauptet, eine frohe Botschaft zu besitzen. Das Bildnis der Hinrichtung Jesu ist in allen Kirchen an zentraler Stelle platziert und macht den Gedanken an eine frohe Botschaft schwierig. Jahrhundertelange Christenverfolgungen und das damit verbundene Märtyrertum haben die dogmatische Lehre des Christentums bis heute geprägt. Dazu kommen einschüchternde, düstere Kirchenbauten, die die Menschen scheinbar unwillkürlich veranlassen, in diesen Räumen zu flüstern. Lachen wäre dort ein Sakrileg. Es käme einer Entweihung des Tempels gleich. Der christliche Gott scheint ein sehr ernster Mann zu sein.

Die alltägliche Kultur des Leidens drückt sich auch in der Kunst aus. Zahlreiche Künstlerinnen und Künstler haben sich der Darstellung menschlichen Leidens gewidmet. Das Leiden in seiner ganzen Vielfalt wird in der Malerei, im Schauspiel, im Tanz, im Film, in der Musik und in Romanen ausgiebig zum Ausdruck gebracht. Dabei lässt man es bewenden.

Die Überwindung des Leidens oder gar der Ausdruck von Glück ist in den Künsten unterentwickelt. Freude gilt als oberflächlich und wird von Kritikern abgewertet. Leiden genießt weitaus höheres Ansehen.

Angesichts dieser vielen dramatischen Zeugnisse des Leidens, die auch das Inventar unserer Innenwelt bilden, bleibt für Ruhe und Gelassenheit wenig Raum. Wir haben zwar die Freiheit, zwischen Anspannung oder Entspannung, dramatischer Übertreibung oder Gelassenheit zu wählen. Eine deutliche Mehrheit bevorzugt aber, zumindest in der westlichen Welt, Stress und Dramatik. Die Neigung, sich selbst unglücklich zu machen, wird durch die leidvollen Rollenvorbilder, die den Alltag dominieren, noch verstärkt. Es ist ein klassischer Teufelskreis.

Nun kann man allerdings, wenn man sich trotzdem einen

entspannten Lebensstil wünscht, gegen den Strom schwimmen. Man kann sich ein Hobby daraus machen, gelassen zu bleiben, egal was kommt.
Gelassenheit zu entwickeln, das ist ein ehrgeiziges, aber kein unmögliches Vorhaben. Das Leben kann mit diesem Ziel vor Augen eine neue Bedeutung bekommen. Der Alltag wird nun zur Übung. Die Ereignisse treten als Lehrer in Erscheinung, die permanent versuchen, einen aus der Bahn zu werfen. Die Aufgabe besteht darin, im Gleichgewicht zu bleiben. Wir wissen nie, welchen Situationen wir gewachsen sind und welchen nicht. Manchen Lehrern wird es gelingen, unseren Gleichmut in Nichts aufzulösen. Erst später erkennen wir dann, dass wir einen Meister gefunden haben, der uns unsere Grenzen aufgezeigt und uns stillschweigend aufgefordert hat, zu wachsen und auch diese Situation gelassen zu überstehen.
Es ist ein wunderbares Konzept, SchülerIn des Lebens und eines entspannten Lebensstils zu sein, weil alle schwierigen Situationen damit einen Sinn bekommen. Es geht darum, sie mit innerer Ruhe zu bewältigen.
Überlegen Sie es sich einmal genau: Worauf kommt es im Leben an? Geht es darum, viel Geld zu verdienen und so viele Dinge wie möglich zu sammeln? Ist die Ausbildung auf einer Eliteschule wichtig? Zählen das Alter, die Herkunft, das Geschlecht oder die Hautfarbe?
Was nützt das eine oder das andere, wenn man mit seinen Gefühlen nicht umgehen kann? Weder die Natur noch das Zusammensein mit anderen Menschen genießen kann? Weder Trauer, Ärger, Angst noch Glück und Ruhe ertragen kann? Wenn man seine Phantasien und verrückten Ideen nicht aushält? Unfähig ist, die eigene Unvollkommenheit und die der anderen Menschen gelassen hinzunehmen?
Ich will kein Hehl daraus machen, dass ich glaube, dass wir

alle hier sind, um Gelassenheit und Glück zu lernen. Unsere Fähigkeit, uns zu freuen, ist ständig in Gefahr, wenn wir nicht auch lernen, Gleichmut zu entwickeln. Sonst befürchten wir, nicht zu bekommen, was wir uns wünschen, und haben Angst, es wieder zu verlieren, falls wir es bekommen. Erst mit einer gegründeten Gelassenheit sind wir imstande, dem Entstehen und Vergehen der Dinge ruhig zuzusehen. Wir können sorglos unsere Vorlieben pflegen und alles Mögliche anstreben, aber wir brauchen mit der richtigen Einstellung weder zu fürchten, das Gewünschte nicht zu bekommen, noch in ständiger Sorge zu leben, es irgendwann wieder aufgeben zu müssen.

Die Erde ist gewissermaßen ein Ausbildungsplanet. Manche begreifen dies früh, manche spät und andere gar nicht. Wenn man es nicht begreift, wirken die meisten Ereignisse sinnlos, völlig willkürlich, immer wieder ärgerlich, enttäuschend und beängstigend, manchmal aber auch – leider nur für kurze Zeit – verführerisch und betörend. Die menschliche Grundsituation nicht zu verstehen, das öffnet dem Leiden Tor und Tür.

Wenn Sie gelassener werden, üben Sie richtig

Falls Sie erwarten, von heute auf morgen lernen zu können, für immer vollkommen entspannt zu leben, werden Sie vermutlich bald enttäuscht aufgeben. Lernen braucht Zeit. Vielleicht ist dies eine der ersten Herausforderungen: Gelassenheit ist eine Lebensaufgabe, die man nicht in ein paar Minuten, Tagen oder Wochen hinter sich bringen kann. Lassen Sie sich Zeit.

Rechnen Sie mit Rückschlägen. Sie werden immer mal wieder in Ihre alten Stressmuster zurückfallen. Das ist ein gutes Zeichen. Es bedeutet nämlich, dass Sie einen Lernprozess begonnen haben. Sie machen Fortschritte und ab und zu auch ein paar Rückschritte. Nehmen Sie auch das mit Gelassenheit.

Keiner ist gegen Abstürze gefeit. Immer wieder ergeben sich unvorhergesehene Situationen. Dann ist man plötzlich wieder Anfänger. Auch das hat ja sein Gutes. Jeder Tag ist ein Neubeginn und hält möglicherweise ein paar Geduldsübungen bereit. So bleibt man aufmerksam.

Die innere Balance zu verlieren, das ist nicht das Problem. Es kommt eher darauf an, wie oft es passiert und wie lange man braucht, um wieder ins Gleichgewicht zu kommen. Man kann sich das so vorstellen: Wie Stehaufmännchen pendeln wir um unsere Mitte. Unser Gleichgewicht ist labil. Aber während die einen nur unmerklich hin und her schwanken, entfernen sich andere stärker und öfter aus ihrer Mitte und brauchen länger, um sie wiederzufinden.

Wir sollten uns immer vor Augen führen, dass wir nicht die Ersten sind, die sich um Gelassenheit und innere Stärke bemühen. Wenn andere es geschafft haben, können auch wir dahin kommen. Vorbilder kann man als Ermutigung empfinden, dass das angestrebte Ziel möglich ist.

Mit einer Lernhaltung sehen wir uns als SchülerInnen des Lebens, im engeren Sinn als SchülerInnen der Gelassenheit. Alles, was uns begegnet, kann ein Test sein, innere Ruhe und Kraft zu beweisen. Solange uns dies bewusst ist, wird uns nichts so leicht herunterziehen.

Scheuen Sie keine Umgebungen, die Ihre Gelassenheit herausfordern. Sie sind ein ideales Trainingsgelände, um die Toleranz zu stärken. Damit sage ich nicht, dass man sich per-

manent in Umgebungen aufhalten sollte, die von Dramatik und Stress geprägt sind. Aber nur in herausfordernden Umgebungen werden Sie herausfinden, wie weit Sie in Ihrem Lernprozess gekommen sind.
Hält man sich nur an angenehmen und stressfreien Plätzen auf, kann man sich leicht einbilden, supergelassen zu sein. Leider ist die Entspannung dann schnell dahin, wenn es einmal turbulent wird. Gerade in schwierigen Momenten muss sich wahre Gelassenheit beweisen. In einer angenehmen Umgebung kann jeder für fünf Minuten gelassen sein. Entscheidend ist, was passiert, wenn die Dinge schlecht laufen. Falls Sie immer öfter auch in solchen kritischen Situationen gelassen bleiben, üben Sie richtig.

Wie lange muss man üben?

Da man es nie »geschafft« hat, kann man, genau genommen, auch nie aufhören zu üben. Gelassenheit ist kein Zustand, den man ein für alle Mal erreicht, sondern ein Prozess. Es geht darum, auf bekannte und unbekannte Situationen immer wieder so gelassen wie möglich zu reagieren.
Alle MeisterInnen, egal in welchem Fach, hören nie auf zu üben. Es mag Sie überraschen, aber tatsächlich hören KönnerInnen nie auf zu lernen. Diejenigen, die ein bestimmtes Fach gut beherrschen, sind dieselben, die sich immer wieder fortbilden. Sie halten Ausschau nach LehrerInnen und erproben neue Wege, um ihre Kunst zu vervollkommnen. Deshalb ist es so wichtig, dass einem das Üben Spaß macht. Ergebnisse sind nicht gleichgültig, aber in erster Linie zählen das Expe-

rimentieren und der Spaß dabei. Wenn Sie gelassener werden, üben Sie richtig, hieß es oben. Dieser Satz ist ergänzungsbedürftig: Wenn Sie Spaß dabei haben, üben Sie richtig. Es hat keinen Sinn, einen entspannten Lebensstil auf verbissene Art und Weise anzustreben. Lassen Sie sich Zeit. Die meisten Menschen überschätzen, was in kurzer Zeit möglich ist, und unterschätzen, was im Laufe von Jahren erreicht werden kann.

Kunst handelt von Knöpfen

Der Schriftsteller Alfred Andersch (1914–1980) stellt seinem Buch »Mein Verschwinden in Providence« folgendes Zitat voran: »Kunst handelt nicht von Abstraktionen, letzten Fragen, Unendlichkeit und Ewigkeit, sondern von Knöpfen.« Damit definiert er seine Vorliebe für naturalistische Beschreibungen.

Gelassenheit handelt in diesem Sinn von Knöpfen. Es ist eine erlernbare Fähigkeit, die man mit viel Übung zur Meisterschaft bringen kann. Dann mag man meinetwegen von Kunst sprechen, aber der Lernprozess selber ist Handwerk und keine Kunst.

Leider ist so oft von Kunst und so wenig von Handwerk die Rede. »Die Kunst des Liebens«, »Die Kunst, erfolgreich zu sein« – was soll das? Etwas als Kunst zu bezeichnen, ist oft nicht mehr als eine billige Ausrede, wenn jemand nicht in der Lage ist, den Lernprozess zu beschreiben.

Kunst wird mythisiert. Wenige, von den Göttern Auserwählte erschaffen Außergewöhnliches, das den Normalsterblichen

angeblich verschlossen ist. Genies, die am Rande des Wahnsinns leben, von der Allgemeinheit verkannt, ebenso gesegnet wie verflucht. Wem nützen diese Phantasien? Wo sind die Beweise dafür?
Sie ahnen es schon: Ich bin der Meinung, dass man praktisch alles lernen kann. Vielleicht wird man kein Meister in seinem Fach, aber man kann es so weit bringen, dass es gut genug ist. Man braucht nicht mehr als eine gute Motivation, Selbstvertrauen, Know-how und Übung. Dann kann es losgehen.
Das Know-How für Ruhe und Gelassenheit bekommen Sie hier. Dass Sie motiviert sind und Selbstvertrauen haben, zeigen Sie dadurch, dass Sie dieses Buch lesen. (Im Übrigen sind auch Motivation und Selbstvertrauen keine Künste, sondern lernbare Fähigkeiten.) Der Rest ist Übung.

Mythen über Gelassenheit

Überall ranken Mythen, nutzlose Phantasien, die in der Wirklichkeit keine Entsprechung haben. Da ich gerade einige Mythen, die sich auf Künste und Lernprozesse beziehen, angesprochen habe, möchte ich auch gleich einigen Fehlvorstellungen bezüglich Ruhe und Gelassenheit widersprechen.

Mythos Nr. 1:

Entweder man ist von Natur aus gelassen oder eben nicht. Dann hat man halt Pech gehabt.

Richtig daran ist, dass Menschen unterschiedliche Temperamente und Konstitutionen haben. In der jahrtausendealten indischen Volksmedizin, dem Ayurveda, werden drei Konstitutionstypen unterschieden: Vata, Pitta und Kapha.
Nach dieser Auffassung sind Vata die »Luftigen«, Pitta die »Feurigen« und Kapha die »Erdigen«. Damit ist gemeint, dass Menschen, die mehr Vata- und Pitta-Anteile haben, zu mehr Unruhe und Nervosität neigen, Kapha-Typen dagegen nicht so leicht aus dem Gleichgewicht zu bringen sind.
Andererseits lassen sich jede Konstitution und jedes Temperament ausgleichen. Harmonie und Wohlbefinden werden dann die bestimmenden Kräfte. Ein Vata-Typ, der auf Gelassenheit achtet, kann einer Kapha-Konstitution, die alle beruhigenden Einflüsse missachtet, weit überlegen sein. »Pech« in der genetischen Anlage gilt also nicht.

Mythos Nr. 2:

Ruhige Menschen sind langweilig.
Das kann man auch umgekehrt sehen. Mich zum Beispiel langweilen hysterische Menschen. Immer dieselben Dramen, immer dasselbe unbewusste Getue. Wie eintönig! In der Gegenwart gelassener und entspannter Menschen werden die Hippeligen und Nervösen mit ihrer Unausgeglichenheit konfrontiert. Dann gibt es meist nur zwei Möglichkeiten: Entweder die Ruhigen werden auch nervös, oder die unruhigen Geister entspannen sich. In der Hoffnung, die Entspannten nervös zu machen und auf ihre Ebene zu ziehen, werfen die unruhigen Dynamiker den anderen mitunter vor, langweilig zu sein. Es ist leicht zu durchschauen, dass hier Ruhe und Langeweile miteinander verwechselt werden und das ganze

Spiel dazu dient, die Szene aufzumischen, damit die Nervösen wieder in dem vertrauten Stressklima leben können und sich nicht zu ändern brauchen.

Mythos Nr. 3:

Wirkliche Gelassenheit ist erst nach einem Zusammenbruch, einer Katharsis, möglich.
Zwar stimmt es, dass einige Menschen erst nach einem Zusammenbruch ein neues Leben beginnen. Tatsache ist aber auch, dass noch viel mehr Menschen wesentlich früher begreifen, dass sie eine neue Richtung einschlagen müssen.
Dieser Mythos ist eine Erfindung derjenigen, die das Drama lieben. Was im Theater als erfrischende Abwechslung erscheint, ist im richtigen Leben eine Plage. Es gibt keinerlei Beweise für den Mythos der Katharsis.
Jeder Mensch kann an jedem beliebigen Punkt seines Lebens umkehren. Niemand muss erst zu Boden fallen, um eine neue Richtung einschlagen zu können.
Dem Zusammenbruch eine reinigende, heilende Wirkung zuzuschreiben, das stammt aus derselben Ecke wie die Meinung, Medizin müsse bitter sein, sonst helfe sie nicht.

Mythos Nr. 4:

Wer immer gelassen ist, dem ist in Wahrheit alles gleichgültig.
Vermutlich rührt dieser Mythos daher, dass manche Menschen nur dann ausnahmsweise »gelassen« sind, wenn ihnen alles gleichgültig ist. Bei solcher Art von »Gelassenheit« han-

delt es sich aber tatsächlich um eine Depression. Die aber hat mit angenehmer Entspanntheit nichts zu tun. Aber Anhänger dieses Mythos können sich Gelassenheit anders nicht erklären.

Wer Stress mit Interesse gleichsetzt, übersieht dabei, dass man engagiert und entspannt zugleich sein kann. Besonnenes Handeln hat vor allem viel bessere Chancen auf Erfolg als hastiges, überstürztes Eingreifen. Vielleicht kennen Sie den Witz von den beiden Schulfreunden, die sich nach langer Zeit wiedersehen: »Im Rechnen hattest du zwar mehr richtige Lösungen, aber an Schnelligkeit war ich dir immer überlegen.«

Manche befürchten auch, man könne so entspannt sein, dass man seine Probleme nicht mehr lösen wolle. Aber ist das wirklich wahr? Ich glaube, das Gegenteil ist richtig. Bei Stress erscheint vieles problematisch, weil man das Wichtige nicht mehr vom Unwichtigen trennen kann. Mit mehr Gelassenheit lösen sich die stressbedingten Scheinprobleme in Luft auf. Die wirklichen Probleme treten deutlicher hervor und können leichter gelöst werden. Im entspannten Zustand ist man kreativer und findet bessere Lösungen für die wahren Probleme.

Der innere und der äußere Weg

Zur inneren Ruhe gelangt man vor allem auf zwei Wegen. Den einen könnte man den äußeren Weg nennen. Diejenigen, die ihn beschreiten, versuchen, die Außenwelt so einzurichten, wie es ihren Vorstellungen entspricht. Sie erhoffen sich inneren Frieden, sobald sie mit der Gestaltung der Welt fertig sind. Diesen Weg gehen, zumindest in der westlichen Kultur, die meisten Menschen. Der andere, der innere Weg, ist der weniger begangene. Die Reisenden auf diesem Weg nehmen in erster Linie innere Veränderungen vor, um gelassener zu werden.

Warum diese zwei Wege? Sie haben beide mit der Ursache für innere Unruhe zu tun. Immer wenn die äußere Welt von unseren inneren Vorstellungen erheblich abweicht, sind wir beunruhigt. Wir ärgern uns, machen uns Sorgen oder sind enttäuscht. Die Spannung zwischen unserer Innenwelt und der Außenwelt erleben wir als Stress. Wir finden erst dann wieder zu Harmonie und Frieden, wenn wir unsere Erwartungen der Wirklichkeit anpassen oder, umgekehrt, die äußere Welt so gestalten, dass sie unseren Gedanken entspricht.

Beide Wege schließen sich gegenseitig nicht aus. Man kann erst den einen, dann den anderen versuchen, oder auch beide gleichzeitig.

In diesem Buch stelle ich Ihnen beide Wege vor. Der Schwerpunkt liegt allerdings auf dem inneren Weg, weil er der unbekanntere und vernachlässigte ist. Wäre es umgekehrt, würde ich auch den Schwerpunkt anders setzen. Denn es erleichtert das Leben, beide Wege zu kennen.

Im ersten Teil des Buches (»Das Denken entspannen«) sowie im zweiten Teil (»Abschalten«) beschreibe ich den inneren Weg zur Gelassenheit. Im dritten Teil (»Das Leben genießen«) folgt der äußere Weg.

1 Das Denken entspannen

Wie Denken und Fühlen miteinander verbunden sind

Das ABC der Gefühle

Wir fühlen so, wie wir denken. Wenn Ihnen dieser Satz in seiner ganzen Bedeutung klar ist, können Sie das Buch zuklappen oder zum nächsten Kapitel übergehen. Ich bin mir allerdings nicht sicher, ob Sie sich das wirklich leisten können. Bei mir war es jedenfalls ganz anders. Vor ungefähr 10 Jahren habe ich zum ersten Mal gehört, dass unsere Gefühle von unserem Denken abhängen. Ich fand diese Überlegung einleuchtend und habe danach eine Menge Bücher zu diesem Thema gelesen sowie eine Ausbildung in Rational-Emotiver und Kognitiver Verhaltenstherapie gemacht, zwei Therapierichtungen, die auf dem schlichten Satz »Wir fühlen und handeln so, wie wir denken« basieren. Und trotzdem bin ich immer noch dabei, die ganze Tragweite dieser Grundaussage zu erkennen – bei mir, bei anderen, in Gesprächen, beim Zeitunglesen, in Filmen, Romanen und Songtexten. Überall tritt der Zusammenhang zwischen dem Denken, Fühlen und Handeln hervor, leider oft so, dass Menschen leiden, aber nicht wissen, warum.

Zu erkennen, dass unsere Gefühle und unser Verhalten auf unserem Denken beruhen, und gemäß dieser Erkenntnis zu leben, ist dasselbe wie gegen den Strom schwimmen; denn überall wird dieser Zusammenhang geleugnet.

Mitte der 50er Jahre des 20. Jahrhunderts hat der amerikanische Psychologe Albert Ellis diese alte Wahrheit neu entdeckt, dass nämlich unsere Gefühle nicht von den Ereignissen abhängen, sondern von unseren Gedanken. Diesen Zusammenhang hat er das ABC der Gefühle genannt. Dabei steht A für »activating event« (Ereignis, das die Gedanken aktiviert, anregt), B für »belief« (Gedanken, Überzeugungen) und C für »consequences« (Reaktionen, Folgen, nämlich Gefühle und Handlungen). Die Ursachenkette läuft also von A nach B zu C. Beliebige Ereignisse regen Gedanken an, und diese Gedanken lösen Gefühle und Verhaltensweisen aus. Im Folgenden nenne ich diese Kette »ABC-Denken«. ABC-Denker sind sich bewusst, dass sie über ihre Gedanken ihre Gefühle und Handlungen steuern können.

Die große Mehrheit der Menschen ist allerdings zu den AC-Denkern zu rechnen. Sie glaubt, dass die äußeren Ereignisse ihre Gefühle und auch ihr Verhalten auslösen. Diese Überzeugung bezeichne ich im Folgenden als »AC-Denken«.

Da das AC-Denken in unserer Sprache und Kultur tief verankert ist und praktisch jeder mehr oder weniger so denkt, habe ich zuvor gesagt, den wahren Zusammenhang zu erkennen sei wie gegen den Strom schwimmen. Es besteht immer wieder die Gefahr, in den Sog des Mainstream-Denkens hineingezogen zu werden und sich als Opfer der Umwelt anzusehen. Die Philosophie des AC-Denkens hat zahlreiche Auswirkungen. Wenn es zutrifft, dass meine Gefühle und Handlungen von den Ereignissen um mich herum abhängen, bin ich den Ereignissen hilflos ausgeliefert. Jedes Geschehen kann mich dann ärgern oder enttäuschen oder ängstigen, aber auch erfreuen oder beruhigen.

Wenn es der Wahrheit entspräche, dass die Außenwelt meine Gefühle und mein Verhalten bestimmt, dann bestünde meine einzige Chance darin, auf die Außenwelt einzuwirken, um meine Gefühle ändern zu können. Erst nachdem mir das gelungen ist, könnte ich mich anders fühlen und anders verhalten.

Das AC-Denken durchzieht unsere Alltagssprache. Ständig sagen, denken oder hören wir Sätze wie: »Dieses Ereignis (Katastrophe, Erdbeben, Terroranschlag) hat die Menschen tief verstört.« – »Michael / Julia macht mich krank durch seine / ihre ständigen Vorwürfe.« – »Diese Kritik hat mich total verunsichert.« – »Das Konzert hat die Leute begeistert.«

Wenn Sie genau aufpassen, werden Sie selbst in diesem Buch einige vom AC-Denken beeinflusste Sätze finden. Zwar formuliere ich inzwischen genauer, aber einige Redewendungen sind einem so vertraut, dass man sie benutzt, ohne ihren verdrehten Sinn sofort zu erkennen.

Das AC-Denken zeigt sich in folgenden Aussagen: Das ärgert mich. Es beängstigt mich. Er hat mich enttäuscht. Das freut mich. Es beruhigt mich. Im korrekten ABC-Stil müsste es heißen: Ich ärgere mich, weil ... (ich könnte aber auch gelassen bleiben). Ich ängstige mich, wenn ... (ich könnte aber auch ruhig bleiben).

Der Satz »Er hat mich enttäuscht« lässt sich nicht so ohne weiteres ändern. Wir können nicht einfach sagen: Ich enttäusche / deprimiere mich wegen dieser Sache, sondern wir müssen auf etwas umständlichere Umschreibungen ausweichen: Ich reagiere mit Enttäuschung / Depression, wenn das und das passiert (ich könnte aber auch gefasst reagieren). Freude und Ruhe sind dem ABC-Stil wiederum leichter zugänglich: Ich freue mich (könnte aber auch gleichgültig reagieren). Ich beruhige mich, wenn ich diese Musik höre (könnte mich aber auch darüber ärgern).

Wie stark der irrtümliche AC-Zusammenhang verbreitet ist, erkennt man am Ausmaß, in dem Menschen leiden. Menschen ärgern, ängstigen, deprimieren sich mehr als nötig (nebenbei: Wie viel ist denn nötig?). Wenn sie sich ihrer Wahlmöglichkeiten bewusst wären, würden sich die meisten wohl für gelassenere Reaktionen entscheiden. Aber sie denken, dass man sich in bestimmten Situationen ärgern, ängstigen und deprimieren muss, und tun es dann auch entsprechend. Sie wissen es einfach nicht besser, wenn es darauf ankommt.

Als Beispiel möchte ich Ihnen eine Situation schildern, die ich in einem Kaufhaus beobachtet habe. Eine Mutter blätterte in der Zeitungsabteilung in einigen Zeitschriften, während ihre kleine Tochter, vielleicht fünf Jahre alt, vor sich hin weinte. Nach einiger Zeit sagte die Mutter deutlich genervt: »Sei nicht so albern. Hör auf.« Es nützte nichts. Kurze Zeit später: »Es ist immer dasselbe mit dir. Du bist undankbar. Du hast ein paar schöne T-Shirts bekommen, und was machst du? Du heulst wegen des Stoff-Teddys, den du nicht bekommen hast. Du hast genug Spielsachen.« Die Tochter heulte weiter, und die Mutter blätterte weiter in den Zeitschriften. »Jetzt ist es aber genug. Sei nicht albern. Hör auf.« Darauf die Tochter: »Ich kann nicht.« Schließlich zog die Mutter verärgert mit ihrem Kind davon.

Das kleine Mädchen wusste wirklich nicht, wie sie aufhören könnte, dem Teddy nachzuweinen. Sie schien sich zu bemühen, aber dann dachte sie vermutlich wieder an den Teddy, und wie schön es wäre, ihn zusammen mit den T-Shirts in einer Tüte zu haben, und dann musste sie wieder weinen. Eine traurige Geschichte. (Merken Sie etwas? Nicht diese Geschichte ist traurig, sondern wir empfinden dieselbe Traurigkeit, wenn wir dieselben Gedanken wie das kleine Kind denken.) Die vielleicht 30 Jahre ältere Mutter schien leider ebenfalls nicht zu wissen, wie sie ihre Tochter auf andere Gedanken bringen könnte. Stattdessen dachte sie offenbar ungefähr Folgendes: »Meine Tochter sollte mir dankbar sein, dass ich ihr diese schönen T-Shirts gekauft habe. Aber sie will unbedingt diesen Teddy. Sie sollte dankbar für die Teddys sein, die sie hat. Sie ist ein schlechtes Kind. Vor den vielen Leuten macht sie mir eine Szene. Heute ist wieder so ein Tag, an dem sie mich total nervt.«

Wie mag die Geschichte weitergehen? In 20 Jahren weint die Mutter vielleicht über ihren Teddy (Ehemann), der sie verlassen hat, und ihre dann erwachsene Tochter ärgert sich darüber, dass ihre Mutter nicht darüber hinwegkommt und sich so wenig dankbar für ihr – wie sie findet – gutes Leben zeigt.

Beide scheinen nicht zu wissen, wie sie ihr Denken, Fühlen und Handeln ändern könnten. Die Mutter sagt: »Hör auf zu weinen«, und die Tochter: »Ich kann nicht.« Umgekehrt könnte die Tochter sagen: »Hör auf, dich über mich zu ärgern«. Dann wäre die Mutter dran, »Ich kann nicht« zu antworten.

Wir würden niemals leiden, wenn wir uns des ABC-Zusammenhangs bewusst wären und unsere Gedanken so wählen würden, dass wir nicht leiden, sondern entweder glücklich oder gelassen wären. Dann würde das Mädchen vielleicht wirklich mehr an die Teddys denken, die es schon besitzt, und sich darüber freuen. Und die Mutter würde ihre Tochter nicht für undankbar halten, sich nicht ärgern, sondern ihr über den Verlust des Traumteddys hinweghelfen oder sie einfach in Ruhe lassen.

Es wäre sehr hilfreich, würden wir schon als Kinder das ABC der Gefühle und des Handelns lernen. Leider ist bis heute eher das Gegenteil der Fall: Nur wenige sind sich der Tatsache bewusst, dass sie durch die Wahl ihrer Gedanken ihre Gefühle beeinflussen können.

Der Psychologe Martin Seligman hat nun erstmals ein Präventivprogramm gegen Depressionen entwickelt und erfolgreich getestet (siehe Literaturverzeichnis). Es richtet sich an Eltern und LehrerInnen, die ihren Kindern und SchülerInnen beibringen möchten, ihre Gefühle zu verstehen und zu ändern. Nur so ist das unbewusste Einüben depressiver Gedankenmuster zu verhindern. Aber es wird einige Zeit dauern, bis diese Programme so selbstverständlich unterrichtet werden wie das 1 × 1 und das ABC. Ob Eltern, LehrerInnen und Schulverwaltungen aufgeschlossen sind für derartige Programme, das hängt zunächst einmal von den mentalen Gewohnheiten ab, die in der jeweiligen Gruppe vorherrschen. In jedem Milieu gibt es für jede Situation typische Gedanken und damit auch typische Gefühle und Verhaltensweisen. Für Menschen aus einem bestimmten Land und einer bestimmten Schicht kann man daher mit großer Wahrscheinlichkeit voraussagen, wie die Angehörigen dieser Gruppe reagieren werden.

Nehmen wir ein Beispiel. Wenn jemand einem anderen sagt: »Sie sind ein Vollidiot«, so wird allgemein erwartet, dass dieser beleidigt ist und irgendwie zurückschlägt, also den Angreifer ebenfalls einen Idioten nennt, ihn bei der Polizei anzeigt, ihm das Auto zerkratzt oder etwas Ähnliches. Tut er das nicht, dann vielleicht nur deshalb nicht, weil er sonst eine tätliche Auseinandersetzung befürchtet.

Würde er dagegen antworten: »Ja, das denke ich auch manchmal«, oder: »Wie geht es Ihrer Familie?«, und dabei ruhig bleiben, wäre das sehr ungewöhnlich, vielleicht sogar verrückt. Es passt nicht zu den Reaktionen, die man in einer derartigen Situation allgemein erwartet.

Solange Menschen in den üblichen Gedanken-, Gefühls- und Verhaltensklischees verharren, entsteht der Eindruck, die Situation bestimme ihr Verhalten. Aber der Schein trügt. Sobald jemand im Denken, Fühlen und Handeln beweglich ist, kann man nicht mehr voraussagen, wie er reagieren wird. Er könnte sich typisch, aber auch unkonventionell verhalten und damit die anderen und vielleicht auch sich selbst überraschen. Die Situation kann nichts dafür, wie jemand denkt, fühlt und handelt. Sie lässt jedem die Wahl.

Beunruhigende Gedanken

Wir neigen zum Dramatisieren

Am häufigsten bringen wir uns dadurch aus dem inneren Gleichgewicht, dass wir die Dinge übertrieben bewerten. Anstatt uns einfach an die Tatsachen zu halten, dramatisieren wir die Gegenwart, die Vergangenheit und die Zukunft. Und dann wundern wir uns, dass wir ständig überspannt sind. Wir verhalten uns wie Babys, die sich mit einer ungeschickten Bewegung selbst ins Gesicht schlagen und sich dann verblüfft fragen, wer das war. Übertriebene Bewertungen erkennt man zum Beispiel an emotional stark aufgeladenen Wörtern wie »furchtbar, schrecklich, katastrophal, toll, wunderbar, großartig«. Wir täten gut daran, diese Vokabeln eher selten zu gebrauchen. Tatsächlich aber finden wir sie tagtäglich in den Medien und in unserer Alltagssprache.
Auch in Begriffen wie »immer, alle, total, völlig, nie, niemand« stecken starke Übertreibungen. Mit diesen Ausdrücken wird behauptet, dass keine Ausnahmen existieren, und das ist selten der Fall. »Keine Regel ohne Ausnahme« wäre allerdings selbst schon wieder eine Übertreibung.
Wir reden nicht nur dramatisch. Auch unsere Phantasie geht häufig mit uns durch. (Bei der Gelegenheit: Wer geht hier mit wem durch? Die Phantasie mit uns oder wir mit unserer Phantasie?) Wir schwelgen in Untergangsphantasien oder malen uns Paradiese aus. Die Wirklichkeit liegt irgendwo da-

zwischen. Wir werden auf Erden wohl kaum die Apokalypse, aber auch nicht den Garten Eden erleben. Die Apokalypse ist weiter nichts als eine negative Utopie. Was ist auf dieser Erde schon vollkommen? Nicht einmal die Katastrophen, und das ist unser Glück. Denken Sie nur an die »Welt«kriege. Dieser Begriff suggeriert, dass an jedem Ort dieses Planeten gekämpft wurde. Das stimmt aber glücklicherweise nicht. Hier ein anderes Wort: »Supermächte«. Die »Supermacht« USA hat den Vietnam-Krieg verloren und auch andere militärische Niederlagen hinnehmen müssen. Natürlich sind die Vereinigten Staaten von Amerika zur Zeit die mächtigste Nation, aber eine »Supermacht«? Eine Frage in diesem Zusammenhang: Erinnern Sie sich noch an die »Supermacht« Sowjetunion?
Jemand ist ein »Welt«star, wenn er in Westeuropa, den USA und Australien bekannt ist. Nur – die Welt ist eigentlich ein bisschen größer. Das spielt aber bei Übertreibungen keine Rolle. Eher meinen wir, in einer anderen Welt zu sein, wenn unsere »Welt«stars in Burkina Faso oder auf den Antillen unbekannt sind.
Was halten Sie von »Welt«meisterschaften im Skat? Falls Sie es nicht wissen – was ich verstehen kann: Skat ist ein in Deutschland regional verbreitetes Kartenspiel. Außer in Österreich spielen es vielleicht noch ein paar Auswanderer in fernen Nationen. Das hindert die Veranstalter natürlich nicht, »Welt«meisterschaften in dieser Sportart abzuhalten.
Die olympischen Winterspiele und die »Welt«meisterschaften in den Wintersportarten haben einen ähnlichen Geltungsbereich wie die »Welt«meisterschaften im Skat. Rund um den Äquator tendieren alle Wintersportarten gegen null. Deshalb sind die dort beheimateten Nationen bei den olympischen Winterspielen eher schwach vertreten.
Menschen neigen offensichtlich dazu, alles ein bisschen grö-

ßer erscheinen zu lassen, als es in Wirklichkeit ist. Das Ganze hat allerdings eine Kehrseite. Durch unsere übertriebene Denkweise leiden wir dann auch mehr als nötig. Ob die euphorischen Ausbrüche, die ebenfalls auf Übertreibungen beruhen, dafür entschädigen, das muss jeder selbst beurteilen. Im Profi-Fußball überlegen die Stars offenbar tagelang, wie sie ihre Freude über einen gelungenen Spielzug dramatisieren können. Die Zeiten, als sich Fußballspieler nach einem erzielten Tor einfach zuwinkten und dabei ein wenig lächelten, sind jedenfalls erst einmal vorbei.

»Ich kann es nicht aushalten«

Dieser Aufschrei ist oft die erste Folge des Dramatisierens. Nachdem wir die Tatsachen aufgebauscht und in unserer Phantasie zu Katastrophen gemacht haben, glauben wir, sie nicht mehr ertragen zu können. Die Wahrheit ist: Alles, was wir überleben, können wir auch ertragen. Aber mit unserer übertriebenen Sprache und unserer maßlosen Phantasie machen wir uns das Leben schwer. Die Folge all unserer Dramatisierungen ist purer Stress.

»Mein Mann / meine Frau hat mich verlassen. Das ist furchtbar. Ich kann es nicht ertragen.«

»Jetzt habe ich schon acht Monate keine Arbeit. Ich halte das nicht mehr aus.«

»Mein Kind ist tödlich verunglückt. Warum musste das passieren? Ich komme nicht darüber hinweg.«

Niemand wünscht sich Ereignisse wie diese. Aber es sind alltäglich vorkommende Dinge. Menschen sterben, Firmen ge-

hen pleite, Freunde verlassen uns. So ist das Leben, nicht erst seit heute, sondern immer schon.
Zur buddhistischen Literatur gehört die folgende Geschichte: Der Säugling einer Mutter war gestorben. Die Frau kam, noch mit ihrem toten Kind auf dem Arm, zum Buddha und erbat sich eine Hilfe gegen ihr Leiden. Ja, sie fragte den Buddha sogar, ob es ein Mittel gebe, ihr Kind wieder zum Leben zu erwecken. Der Buddha antwortete ihr: Wenn sie eine Familie fände, in der noch nie jemand gestorben sei, werde ihr Kind wieder lebendig. Die Frau ging von Haus zu Haus und fragte die Bewohner, ob ihre Familie bisher vom Tod verschont geblieben sei, aber alle antworteten, dass bereits Angehörige verstorben seien: Großeltern, Geschwister, Kinder. Die Mutter des toten Säuglings hatte geglaubt, in ihrem Schmerz völlig allein zu sein. Aber die anderen Menschen hatten bereits dasselbe erlebt, es überlebt und verkraftet.
Zurzeit sind in Deutschland ca. vier Millionen Menschen arbeitslos, und das ist nur die offiziell registrierte Zahl. Die tatsächliche Zahl dürfte wesentlich höher liegen. Arbeitslosigkeit ist, so gesehen, ein alltägliches Phänomen. Und die meisten Menschen überstehen es unbeschadet.
Ehepaare und FreundInnen trennen sich. Das passiert weltweit täglich hunderttausendfach. Kein Grund, sich aufzuregen. Die meisten haben die Möglichkeit, neue FreundInnen und PartnerInnen zu finden und genauso glücklich oder glücklicher zu sein als vorher.
Tatsache ist, dass Menschen sehr robust sind und physisch und psychisch sehr, sehr viel ertragen können. Aber durch ihre Denkweise machen sie sich das Leben schwer.

Die Diktatur des Müssens

Als weitere Folge des Dramatisierens und des AC-Denkens tritt der innere Diktator auf den Plan. Da wir glauben, dass unsere Gefühle von den äußeren Umständen abhängen, sehen wir unser einziges Heil darin, die Dinge zu ändern. »Wenn X mich nervt, dann werde ich X eben ändern.« Logisch! Aber wird unser Leben dadurch entspannter? Was ist, wenn X sich nicht einfach ändern lässt? Mit einer solchen aktionistischen Denkweise sind Konflikte vorprogrammiert. Es beginnt mit dem dramatischen Gedanken: »X ist schrecklich.« Daran schließt sich der Gedanke an: »Ich kann X nicht ertragen.« Und dann erkennen wir: »Ich muss X ändern. X darf auf keinen Fall so bleiben, wie es ist.«

Indem wir dramatisieren, der Welt vorschreiben wollen, wie sie zu sein hat, und uns weismachen, wir könnten etwas nicht ertragen, verlieren wir unser inneres Gleichgewicht und fühlen uns schlecht.

Damit wir uns nicht missverstehen: Natürlich können wir unsere Wände weiß streichen, wenn wir geblümte Tapeten nicht mögen. Jeder Mensch hat eine Vorliebe für bestimmte Sachen und zieht sie deshalb anderen vor. Aber es ist ein Unterschied, ob ich etwas lieber mag oder meine, alles andere nicht aushalten zu können. Genauso ist es ein Unterschied, ob ich etwas ändern möchte oder muss.

Im dritten Teil dieses Buches (»Das Leben genießen«) unterstütze ich Änderungen in der Außenwelt. Ich bin sehr wohl der Meinung, dass es sinnvoll ist, sich eine Umgebung zu suchen, in der man sich wohlfühlen kann, oder Verhältnisse herzustellen, die einem ein bequemeres, angenehmeres Leben ermöglichen. Aber es ist besser, dies gelassen zu tun. Handelt man

nämlich aus Verzweiflung, dann wird man seines Lebens nicht mehr froh, selbst wenn es einem gelingt, seine Umgebung so zu manipulieren, wie man glaubt, es tun zu müssen. Man lebt dann nämlich in der ständigen Angst, dass sich diese vermeintlich idealen Verhältnisse wieder ändern könnten; denn das würde bedeuten, dass man es wieder nicht aushalten kann.
Viele Menschen suchen ihr Glück ausschließlich in einer Veränderung der materiellen Welt. Sie wollen so viel Geld wie möglich haben, um alles so einzurichten, wie sie es angeblich unbedingt brauchen, um glücklich zu sein. (»Ich kann erst glücklich sein, wenn ...«) Falls es ihnen dann tatsächlich gelingt, ihre Ziele zu erreichen, verwandelt sich die Angst, ihre Ziele nicht zu erreichen, in die Angst, das Erreichte wieder zu verlieren. (»Ich kann nur glücklich sein, wenn alles so bleibt, wie es im Moment ist.«)
Nicht viel besser ergeht es denjenigen, die ihre Unfähigkeit, gelassen mit materiellen Dingen umzugehen, überkompensieren. Sie streben ein besitzloses Leben an, weil sie sich nicht zutrauen, locker und entspannt mit den Dingen umzugehen und sie jederzeit wieder loslassen zu können. In ihrer überspannten Phantasie werden Geld und Besitz zum Werk des Teufels, der sie mit der Lust am Schönen überwältigen will. Dramatischer geht es kaum.

»Just the facts, Ma'am, just the facts«

In seinem Buch »Help yourself to happiness«, das die Grundlagen sachlichen Denkens beschreibt, erwähnt der Psychologe Maxie Maultsby den Kommissar einer amerikanischen

Krimiserie, der eine aufgeregte Zeugin ermahnt: »Just the facts, Ma'am, just the facts!« Diesen Satz können wir zum Leitmotiv eines undramatischen Denk- und Lebensstils machen.

Wir verzichten darauf, die Ereignisse des täglichen Lebens zu dramatisieren, entdramatisieren die aufgeregten Äußerungen unserer Mitmenschen und halten uns an die schlichten Tatsachen. Die Grundregel lautet: *Tatsachen können uns nicht aus dem Gleichgewicht bringen*. Falls wir feststellen, dass wir übertrieben ärgerlich, ängstlich oder enttäuscht sind, liegt es an irgendwelchen übertriebenen Geschichten, die wir uns erzählen, oder wir führen uns in unserem inneren Kino hochemotionale Filme vor Augen.

Menschen sind Geschichtenerzähler. Lange vor der Erfindung des Buchdrucks haben Menschen sich mit Geschichten unterhalten. Dabei entstanden Werke wie »Märchen aus 1001 Nacht« oder die Volksmärchen, die die Gebrüder Grimm aufgezeichnet haben. Diese Märchentradition setzen wir immer noch fort. Was immer geschieht, wir erzählen darüber eine Geschichte. Zum Beispiel: Ihr Freund ist noch nicht zu Hause. Geht er fremd? Sitzt er in einer Kneipe und unterhält sich mit Freunden? Hatte er einen Unfall? Macht er Überstunden? – Jemand sieht Sie auf der Straße an. Stimmt etwas mit Ihnen nicht? Stimmt etwas mit ihm nicht? Wer ist dieser Mensch?

Manchmal sehen wir einen Film vor unserem inneren Auge. Manchmal erleben wir auch nur ein Hörspiel. Aber ununterbrochen läuft in unserem Kopf ein Radio- und Fernsehprogramm. Es lässt uns genauso wenig kalt, wie wenn wir im Kino sitzen, fernsehen oder Radio hören. Wir identifizieren uns mit dem Stoff und gehen voller Anteilnahme mit. Wir träumen bei Tag und bei Nacht. Meistens wissen wir es nicht einmal. Manche Träume sind angenehm und manche erschreckend. Auch tagsüber können wir Albträume haben, zudem solche, die sich ständig wiederholen. Sobald wir aufwachen, ist der Spuk vorbei. Wach sind wir nur, wenn wir uns der Gegenwart bewusst sind oder jedenfalls wissen, dass wir träumen. Dann können wir zu uns sagen: »Just the facts, Ma'am, just the facts.«

Was heißt übertreiben?

Im Grunde genommen ist es ganz einfach. Wenn Sie mehr Wut, Angst, Enttäuschung (oder auch Begeisterung) spüren, als Ihnen lieb ist, können Sie davon ausgehen, dass Sie übertreiben. Irgendwo hat sich ein »schrecklich«, »furchtbar«, »unerträglich« oder »sensationell«, »phantastisch« in Ihr Denken eingeschlichen.

In Wirklichkeit sind die meisten Dinge weder grauenhaft noch super, sondern einfach so in Ordnung, nicht mehr und nicht weniger. Wir könnten ganz gut damit auskommen. Aber indem wir das Angenehme und Unangenehme übertrieben bewerten, wechseln wir von einem Extrem zum anderen. Erst jauchzen wir himmelhoch, und dann sind wir wieder zu Tode betrübt. So geht es immer hin und her. Menschen, die Spitzenreiter dieses Spiels sind, nennen wir hysterisch. Häufig wird dieses Etikett Frauen angeklebt, aber das ist einseitig. Es gibt auch viele hysterische Männer. Schauen Sie sich mal Männer beim Fußball an, dann wissen Sie, was ich meine.

Vielleicht stimmen Sie mir in Bezug auf Übertreibungen zu, soweit es um Panik, Depressionen und Zornesausbrüche geht. Aber was spricht nun gegen Begeisterung und Euphorie? Eigentlich nur der Absturz. Wolke sieben ist kein sicherer Aufenthaltsort. Irgendwann erkennt man, dass auch die maßlosen positiven Bewertungen der Realität nicht standhalten. Täuschungen müssen notwendigerweise zu Enttäuschungen führen. Würde man es dabei belassen, ginge es ja noch. Aber wenn man erst einmal angefangen hat zu übertreiben, macht man meist gleich weiter, nun in die umgekehrte Richtung. Was anfangs wunderbar war, erscheint einem jetzt grauenhaft. Dabei ist beides gleich weit von der Realität entfernt.

Stressgedanken erkennen

Nehmen wir mal an, Ihre Stimmung ist gedrückt. Woran liegt das? Vielleicht haben Sie ein kleines Unternehmen – und die Geschäfte laufen schlecht. Das allein ist aber kein Grund, niedergeschlagen zu sein. Erst wenn Sie glauben, dass *»alles* den Bach runtergehen wird«, Sie *»nie* wieder auf einen grünen Zweig kommen werden« und Ihr gegenwärtiges und zukünftiges Leben *»furchtbar* und *schrecklich«* finden, erst dann werden sie depressiv. In diesen Gedanken stecken zu weit gehende Annahmen: alles, nie wieder, furchtbar und schrecklich. Bei diesen Überlegungen handelt es sich ohnehin um reine Phantasien. Niemand weiß, was die Zukunft bringen wird. Gut, die Geschäfte laufen im Moment schlecht. Aber noch haben Sie den Laden. Es kann also auch wieder besser werden. Möglicherweise können Sie Maßnahmen ergreifen, damit es besser wird. Aber selbst wenn Sie den Laden verlieren: Er ist nicht »alles«. Sie werden das meiste behalten: Ihre

Familie, Ihre Kinder, Ihre FreundInnen, Ihre Gesundheit, Ihr Leben. Und was heißt »nie wieder auf einen grünen Zweig kommen«? Wie es ohne Laden weiterläuft, das hängt auch von Ihnen ab. Sie behalten zahlreiche Wahlmöglichkeiten. Sie müssen sie nur erkennen, und das können Sie mit einem klaren Kopf besser, als wenn Sie alles abschreiben und nur noch Trübsal blasen. An diesem Beispiel können Sie sehen, dass Ihre Gefühle Ihnen anzeigen, ob Sie übertreiben. Falls Sie sich schlecht fühlen, können Sie davon ausgehen, dass Sie sich Stressgedanken machen.

Auch Ihre Handlungen zeigen Ihnen, ob Sie übertreiben. Wirklichkeitsferne negative und einseitige Gedanken hindern Sie daran, sich mit vollem Engagement für Ihre Ziele einzusetzen. Resignative Gedanken machen Sie schlapp, und ängstliche Überlegungen lähmen Sie. Aber auch Zorn hilft Ihnen im Allgemeinen nicht weiter. Sie kommen so in Fahrt, dass Sie über Ihr Ziel hinausschießen.

Schlechte Nachrichten

Glauben Sie, dass man sich wegen schlechter Nachrichten schlecht fühlen muss? Sie haben recht, angesichts schlechter Nachrichten ist es unmöglich, sich gut zu fühlen. Aber wer entscheidet, ob Nachrichten schlecht sind? Wer bewertet die Tatsachen? Wer übertreibt mit Bezeichnungen wie »alle, nie, keiner, immer, furchtbar, katastrophal, unerträglich«? Wer verdrängt alles Positive?

Es ist ein paar Jahre her, dass ich im dänischen Fernsehen eine Nachrichtensendung gesehen habe. Ich verstand kein

Wort, war aber angenehm überrascht, wie entspannt die Meldungen dort präsentiert wurden. Der Moderator sprach im Plauderton. Seine Körpersprache war natürlich und unaufgeregt, sein Gesicht entspannt. Man sah ihn von Kopf bis Fuß, in einem kleinen bequemen Sessel sitzend in einem angenehmen Studio, ein paar Papierbogen in der Hand.
Im deutschen Fernsehen geht es bei Nachrichtensendungen sehr ernst zu. Fanfaren oder hektische Morsezeichen leiten die Sendungen ein. Die SprecherInnen sitzen oder stehen an Pulten. Sie wirken angespannt, selbst wenn sie zu lächeln versuchen. Ihre Stimmen sind fest und ernst. »Mein Gott, wie viele sind diesmal wieder gestorben?«, so fragt man sich gleich zu Beginn der Sendung.
Dieselben Ereignisse, aber offenbar gehen die DänInnen mit ihnen anders um. Sie nehmen sie genauso aufmerksam wahr, aber sie reagieren gelassener.
Interessant dabei ist, dass das Dramatische und Übertriebene auch in der Körpersprache steckt. Zwar sind deutsche Nachrichtensendungen in der Wortwahl betont sachlich, aber die Körpersprache der AnsagerInnen ist ernst und dramatisch. Auch wenn ich die Worte im dänischen Fernsehen nicht verstand, im Ton schwang etwas mit wie: »Ja, so ist es. Das ist passiert«, während in deutschen Nachrichtensendungen oft unterschwellig die Botschaft gesendet wird: »Das darf doch nicht wahr sein. Ganz schlimm wieder heute. Hören Sie sich das an! Sondersendung! Wir schalten um.«

Beruhigende Gedanken

Das Denken entspannen

Innere Ruhe ist ein Gefühl, das wir mit entsprechendem Denken hervorrufen können. Es funktioniert auf dieselbe Weise, wie wir auch Angst, Wut, Trauer und Freude auslösen können. Angst entsteht, wenn wir davon überzeugt sind, einer Gefahr ausgesetzt zu sein. Dabei kommt es nicht darauf an, ob tatsächlich eine Gefahr besteht oder nicht. Der Glaube allein genügt. Wir werden traurig, wenn wir nach einem Verlust glauben, nie wieder glücklich sein zu können. Auch hier genügt es, wenn wir uns den Verlust und das zukünftige dauerhafte Unglück nur einbilden.

Wir werden wütend, wenn die Dinge anders laufen, als wir uns das vorgestellt haben, und glauben, ein Recht auf die Erfüllung unserer Erwartungen zu haben. Der Widerstand der Welt gegen unsere Pläne frustriert uns und macht uns wütend. (Und da haben wir sie wieder, die Verdrehung der Realität. Nicht der Widerstand der Welt gegen unsere Erwartungen macht uns wütend, sondern wir machen uns wütend, weil wir dies partout nicht akzeptieren wollen.)

Dagegen rufen Gedanken wie »Das ist ja großartig« oder »Wie wunderbar!« Freude hervor.

Auf welchen Bewertungen beruht nun das Gefühl der Ruhe? Überlegen Sie für einen Moment, was Sie sich vorstellen müssten, um innerlich ruhig und gelassen zu sein. Was müss-

ten Sie sich in Bezug auf Ihr momentanes Leben sagen, damit Sie sich entspannen könnten?
Lassen Sie uns gleich noch einen Schritt weitergehen: Was müssten Sie denken, um sogar angesichts von Gefahr, Verlust oder Frustrationen ruhig und gelassen zu bleiben? Sie könnten jetzt das Buch einen Augenblick zuklappen, um darüber nachzudenken.

Hier eine kleine Auswahl beruhigender Gedanken:

- Das wird schon wieder.
- Es geht auch so.
- Egal.
- Ich werde damit fertig.
- Das ist nicht so wichtig.
- Ich kann es aushalten.
- Auch das geht vorüber.
- Ich schaffe es trotzdem.
- Dann ist es eben so.
- Na und? Ich mache trotzdem weiter.

Nicht jeder dieser Sätze passt für alle Menschen in allen Situationen. Darum lohnt es sich, eigene Ideen und Formulierungen zu finden. Im Kern geht es darum, Dramatisierungen und Übertreibungen zu vermeiden. Man muss nicht jedes Geschehen extrem ernst und wichtig nehmen.
Leider benutzen wir in vielen Fällen überhaupt keinen vernünftigen Maßstab, um die Widrigkeiten, mit denen wir täglich zu tun haben, richtig einzuschätzen. Das ist auch der Grund, weshalb Menschen, die eine echte Katastrophe überstanden haben, manchmal für den Rest ihres Lebens so gelassen bleiben; denn im Vergleich zu dem, was sie erlebt haben,

sind die kleinen und großen Mühen des Alltags für sie ohne weiteres zu meistern.
Man muss nicht warten, bis man etwas Schlimmes erlebt, um sich darauf zu besinnen, dass der tägliche Kleinkram keinen Anlass bietet, sich jedes Mal furchtbar aufzuregen. Überlegen Sie, was das Schlimmste wäre, das Ihnen passieren könnte. Verglichen damit (und es ließe sich noch schlimmer denken) ist der tägliche Stress relativ belanglos.
Der Vergleich mit dem Schlimmstmöglichen setzt das, was wir täglich erleben, ins richtige Verhältnis. Wir können das, was wir voreilig für Stress halten, besser einordnen und begreifen, dass wir die meiste Zeit übertreiben und dramatisieren. Wir können auf solche Weise beginnen, unser Denken zu entdramatisieren, »Katastrophen« herunterzuspielen und dabei immer gelassener zu werden. Indem wir Bewertungen wie »furchtbar«, »katastrophal« und »entsetzlich« in Frage stellen, können wir erkennen, was wirklich schlimm ist und was nicht.

Ja sagen

Drei Mittel »verhelfen« uns zu Stress und Anspannung. Jedes allein ist brauchbar. Alle drei zusammen sind unschlagbar. Sie kennen sie bereits. Es ist das folgende Trio beunruhigender Gedanken:

- X ist schrecklich, furchtbar, entsetzlich.
- Ich kann X nicht aushalten.
- X muss sich ändern. (Oder: Ich muss X ändern.)

Mit den ersten beiden übertreiben wir. Wir behaupten etwas, was nicht stimmt; denn wir halten es aus. Wir kreieren ein Drama, als dessen Opfer wir uns dann fühlen. Mit dem dritten Gedanken erfinden wir die Diktatur des Müssens. Wir glauben, nicht glücklich sein zu können, es sei denn, wir richten alles so ein, wie es uns passt.

Die Diktatur des Müssens begründet alle Arten von Kriegen: Ehekriege, Familienkriege, Bürger- und Völkerkriege. Nicht nur wir glauben, die Verhältnisse erzwingen zu müssen, die uns ideal scheinen. Auch andere sind dieser Überzeugung. Nur stehen wir ihnen genauso im Weg wie sie uns, und daraus entstehen Konflikte, Streitereien, körperliche und bewaffnete Auseinandersetzungen.

Außerdem führen wir Krieg gegen die Natur. Vieles an ihr passt uns nicht, also meinen wir, sie ändern zu müssen. Wir kanalisieren Flüsse und versiegeln die Erdoberfläche mit Steinen und Asphalt. Dies wiederum passt der Natur nicht. Sie rächt sich an uns, indem sie unsere Städte überschwemmt und uns auf die Dächer unserer Häuser treibt.

Mit drei harmlos erscheinenden Gedanken schaffen wir es also, uns aus dem inneren Gleichgewicht zu bringen. Für jedes Mittel gibt es allerdings auch ein Gegenmittel. Mit drei einfachen Gedanken können wir unsere innere Ruhe und Gelassenheit wiederherstellen:

- X ist unangenehm.
- Ich kann X aushalten.
- Es geht auch so.

Wenn wir diese drei Gedanken angesichts widriger Umstände gleich denken, ersparen wir uns eine ganze Menge Stress. Diese beruhigenden Gedanken hindern uns nicht, X zu ändern,

wenn wir dies wollen und können. Aber unsere innere Einstellung ist dann eine andere. Während wir unter Stressgedanken leiden und entweder die widrigen Umstände ohnmächtig hinnehmen oder verzweifelt dagegen ankämpfen, können wir mit entspannten Gedanken ruhig und besonnen viel effektiver das Erforderliche tun. Wir vergeuden keine Energie dadurch, dass wir uns an den Verhältnissen reiben. Unsere innere Freiheit ist bei einer ruhigen Einstellung nicht beeinträchtigt. Wir können uns in Gedanken und tatsächlich in alle Richtungen frei bewegen, während wir unter der Last von Stressgedanken verkrampfen und unser Denken sich verengt.
Das Konzept, das ich Ihnen hier vorstelle, ist letztlich nicht neu. Viele Menschen setzen sich für Frieden, Toleranz und Gelassenheit ein. Leider sagen sie oft nicht, wie man eine tolerante Einstellung entwickelt. Toleranz beginnt im Kopf, ebenso wie Frieden und Gelassenheit. Immer sind es Gedanken, mit denen wir uns, und manchmal auch andere, stressen oder beruhigen.
Die drei Stressgedanken:

- Es ist schrecklich,
- ich kann es nicht aushalten,
- ich muss es ändern,

laufen alle auf ein großes »Nein« hinaus. Nein, es könnte nicht schlechter sein. Nein, ich kann es nicht ertragen. Nein, es darf so nicht sein.
Dagegen sagen wir mit den entspannten Gedanken »Ja«:

- Ja, es könnte besser sein.
- Ja, ich kann damit fertig werden.
- Ja, es geht auch so.

Dieses Gedanken-Trio schafft das Fundament für Frieden, Toleranz und Gelassenheit. Frieden (Zu*frieden*heit) beruht auf bestimmten friedlichen Gedanken. Es heißt nicht, dass alles genau so ist, wie man es sich vorstellt und wünscht. Es heißt in keiner Weise, dass es ideal ist. Aber man regt sich darüber nicht auf. Stattdessen räumt man innerer Gelassenheit eine höhere Priorität ein.

Die Realität zulassen

Der Gedanke »Ich kann erst wieder Ruhe finden, wenn ich X geändert habe, weil X schrecklich ist und ich X nicht aushalten kann« führt – wie wir eben gesehen haben – zu erheblichen Konflikten, Spannungen und den Bemühungen, X so schnell wie möglich zu ändern. Lassen Sie uns das noch etwas genauer betrachten.

Jeder Mensch entwickelt im Laufe der Zeit Vorstellungen davon, wie die Welt zu sein hat. Angenehme und unangenehme Erfahrungen, Gewohnheiten und Vorbilder formen diese Vorstellungen. Man erlebt etwas Schönes und überlegt sich: »So soll es in Zukunft immer sein!« Oder umgekehrt, wenn einem etwas Unerfreuliches widerfährt, denkt man: »Das soll mir nicht noch einmal passieren.« Auch was wir kennen, bekommt normative Kraft: »Das machen alle so. So macht man das eben.« – »So ist es, und so soll es sein.«

Wenn die Wirklichkeit von diesen Vorstellungen abweicht, kommt es nicht selten zu Konflikten. Etwas Angenehmes wiederholt sich nicht, Unangenehmes passiert dagegen doch wieder. Wir, die anderen und die Welt verhalten sich nicht so,

wie wir dies bisher gewohnt waren. Das beunruhigt und empört uns, weil wir denken: »Das darf doch nicht wahr sein!«
Denken Sie einmal darüber nach, was Ihrer Meinung nach alles nicht sein darf und wie Sie darauf reagieren, wenn Sie feststellen, dass Ihre Erwartungen sich nicht erfüllen: Was darf alles nicht sein?
Fangen Sie bei Ihrer Umgebung an. Darf das Wetter so sein, wie es ist? Die Preise? Die Politik? Darf die Stadt, in der Sie leben, so sein, wie sie ist? Das Land?
Was stört Sie zurzeit an Ihrer Umgebung? Was darf nicht so sein, wie es ist?
Beziehen Sie nun Ihre Mitmenschen ein. Wer muss sich ändern? Ihr Ehemann, Ihre Ehefrau? Ihre Kinder, Ihre Eltern, Ihre Nachbarn? Die Passanten? Ihre Angestellten, Ihre KollegInnen, Ihre Vorgesetzten, Ihr Arbeitgeber? Die Regierung, die Opposition? Wer bzw. was darf nicht so bleiben, wie es ist?
Und nun zu Ihnen. Was darf an Ihnen nicht so sein, wie es ist? Ihre Figur? Ihr Gewicht? Ihr Aussehen? Ihr Verhalten?
Achten Sie besonders auf das, was Sie aufregt, wenn Sie nur daran denken. Einige regen sich über die Regierung auf, andere über ihre Gesichtsfalten, wieder andere über das Wetter.
Alles, was Sie ablehnen, verursacht Konflikte und Spannungen in Ihnen, und zwar in dem Maß, wie Sie es ablehnen.
So, und nun kommt der Moment, sich zu beruhigen. Nehmen Sie jeden Punkt, den Sie stark ablehnen, und sagen Sie sich: »Es ist nicht das, was ich mir wünsche. Aber es geht auch so.«
Dabei kommt es nicht auf die Worte an. Sie sollen sich nichts einreden. Machen Sie sich vielmehr klar, dass es tatsächlich auch mit den Dingen und Menschen geht, die Sie nicht mögen. Sie behaupten zwar, dass es nicht geht, aber das stimmt

nicht. Sie kommen sehr wohl damit zurecht, allerdings unter Knurren und Murren.

Klar, Sie haben Vorlieben, aber wenn Sie darauf bestehen, dass die Welt so sein muss, wie Sie es sich vorstellen, dann machen Sie sich das Leben unnötig schwer. Die unangenehmen Dinge und Menschen sind Mitbewohner dieser Welt. Sie bekommen sie nicht weg, jedenfalls nicht alle. Es wird immer etwas geben, was Ihnen nicht gefällt. Je mehr Sie sich darauf konzentrieren, desto schlimmer wird es. Sie leiden nicht weniger, sondern mehr. Ihr inneres Gleichgewicht gerät in eine permanente Schieflage, wenn Sie das Unabänderliche bekämpfen. Auch wenn Sie das eine oder andere ändern können, werden Sie das Unliebsame eine Zeit lang ertragen müssen; denn die meisten Änderungen brauchen Zeit. Diese Zeit können Sie nun entweder erleiden oder aber in aller Gelassenheit das tun, was nötig ist, um zu erreichen, was Sie für erforderlich und wünschenswert halten.

Gefühle akzeptieren

Zu den Dingen, die wir ablehnen, gehören oft auch Gefühle. Wir empfinden Angst oder sogar Panik und denken: »Ich darf keine Angst haben.« Oder wir ärgern uns und denken: »Ich sollte mich nicht ärgern.« Und dann ärgern wir uns, dass wir uns ärgern. Die Gefühle können selbst Gegenstand unserer Gedanken werden. Je nachdem, wie wir über unsere Gefühle denken, lösen wir weitere Gefühle aus. Wir können uns über unsere Gefühle ärgern, ängstigen oder deprimieren. Wir können uns ihretwegen schämen oder auch freuen.

Inzwischen wissen Sie, dass es von unseren Bewertungen abhängt, wie wir fühlen. Für viele Menschen mag es ungewöhnlich klingen, sich über ihre »negativen« Gefühle zu freuen. Sie möchten sie lieber beseitigen. Aber betrachten wir es einmal so: Alle Gefühle haben eine Funktion und möchten Ihnen Ihr Leben erleichtern. So wollen Ihre Ängste Sie vor Gefahren warnen. Ihr Ärger will lhnen helfen, andere einzuschüchtern und sich auf diese Weise durchzusetzen. Ihre Trauer signalisiert Ihnen, dass Sie etwas Wichtiges in Ihrem Leben verloren haben.
Es ist nicht selbstverständlich, zu fühlen. Manche Menschen haben nicht gelernt, ihre Gefühle wahrzunehmen und zu verstehen, oder sie haben es wieder verlernt. Sie laufen dann wie Zombies durch die Welt und ecken überall an, eben weil die Wahrnehmung und das Verständnis der Gefühle, sowohl der eigenen als auch der anderen, Grundelemente der menschlichen Kommunikation sind.
Häufig wird beklagt, dass gefühllose Menschen andere nicht richtig begreifen. Das ist in der Tat beklagenswert. Aber dabei wird übersehen, dass diese Menschen aufgrund Ihrer Gefühllosigkeit auch mit sich selbst nicht richtig umgehen können. Sie sind in der Wahrnehmung und dem Verständnis der eigenen Gefühle und Bedürfnisse gestört. Dadurch fehlt ihnen das wichtigste Orientierungssystem, um sich selbst optimal durchs Leben steuern zu können.
Seien wir also erst einmal froh darüber, dass wir überhaupt fühlen. Gefühle werden nur dann zum Problem, wenn wir keine haben oder uns ihnen ausgeliefert fühlen. Da Sie dieses Buch lesen, weil Sie sich mehr Gelassenheit wünschen, steht schon mal fest, dass Sie in der Lage sind zu fühlen. Bleibt also das Problem, gegenüber den eigenen Gefühlen nicht hilflos zu sein.

Jeder kann lernen, mit seinen Gefühlen umzugehen, wenn er lernt, mit den eigenen Gedanken umzugehen; denn die Gefühle sind direkt mit den Gedanken verbunden.
Wir können so oder so denken. Der Gedanke »Das MUSS sich ändern. Das DARF NICHT sein« führt unweigerlich zu Anspannung und Stress. Dagegen sorgt eine Überlegung wie »Ich mag dies nicht, aber es geht auch so« dafür, dass wir relativ gelassen bleiben, egal was passiert.
Der Regisseur Alfred Hitchcock hat in einem Interview erklärt, wie er in seinen Filmen »suspense« (Spannung, Anspannung) erzeugt hat. »Wenn jemand ein Taxi zum Flughafen nimmt, ist die Fahrt dahin für die Zuschauer langweilig. Aber wenn derjenige ein bestimmtes Flugzeug bekommen *muss*, weil sehr viel davon abhängt, dann fiebern die Zuschauer während der gesamten Fahrt mit, ob er es rechtzeitig schaffen wird. Je knapper es wird – das Flugzeug rollt schon los, und unser Held ist immer noch ein kleines Stück zurück –, desto mehr Spannung entsteht.« Hitchcock nutzt unsere Neigung aus, bestimmte Dinge nicht zulassen zu wollen. Was darf hier nicht sein? Der Filmheld darf *auf keinen Fall* sein Flugzeug verpassen. Die möglichen Folgen dürfen *unter keinen Umständen* eintreten. Wenn man sich derart an ein bestimmtes Ereignis bindet, braucht man sich über die Anspannung nicht zu wundern.
Wir sind im richtigen Leben genauso gut wie Hitchcock mit seinen Filmen. Wir verstehen es meisterhaft, täglich für Spannung und Stress zu sorgen.

Gedanken und Handlungen annehmen

Manchmal erschrecken wir auch über unsere Gedanken. Hinzu kommt, dass Moralisten uns einreden wollen, Gedanken seien genauso schlimm wie Handlungen. Das ist absoluter Unsinn. Wenn Menschen beispielsweise nur an Verbrechen denken würden, ohne diese zu begehen, hätten wir überhaupt kein Problem. Anschließend kommen die Angstmacher. Sie behaupten, dass jeder Gedanke unweigerlich zur Tat führt. Auch das ist ausgemachter Unsinn. Wenn es wahr wäre, gäbe es schon längst keine Menschen mehr. Sie hätten sich durch ihre verrückten Ideen bereits ausgelöscht. Dass es uns als Art überhaupt noch gibt, liegt eben gerade daran, dass nicht jeder Gedanke zur Tat wird. Viele Kriegspläne, Verkehrsplanungen und Erfindungen sind zum Glück in den Schubläden geblieben. Selbst Gedanken, die es schon aufs Papier und damit ins Planungsstadium geschafft haben, werden also in ihrer Mehrzahl nicht ausgeführt. Menschen denken mehr, als sie tun, und das ist gut so. Sonst wäre alles noch viel schlimmer.

Sie können also denken, was immer Sie wollen. Selbst wenn Sie gelegentlich über Ihre Gedanken erschrecken, sich schämen oder von sich enttäuscht sind, na und? Sehen Sie es positiv: Erstens zeigt es, dass Sie sich Ihrer Gedanken bewusst sind, und zweitens, dass Sie über eine intakte Moral verfügen. Wir sind alle ein bisschen unmoralisch und neurotisch, einfach weil wir Menschen sind. Aber damit haben wir gegenüber den echten Verrückten einen wichtigen Vorsprung. Die merken nämlich überhaupt nicht, dass sie verrücktes Zeug denken und sich merkwürdig benehmen.

Und was ist mit den Gedanken der anderen Menschen, ihren

Ansichten und Meinungen? Darüber brauchen wir uns ebenso wenig aufzuregen. Die anderen müssen unsere Überzeugungen ja auch aushalten. Meinungen sind einfach da, ob wir uns nun ärgern oder nicht. Manchmal sind sie lästig, aber sie stören nicht wirklich. Falls wir es für nötig halten, können wir unsere Ansichten einfach danebenstellen, und damit hat es sich dann auch.
Immer wieder mal stört uns ein Verhalten: das von anderen und oft auch unser eigenes. Unsere Handlungen können wir manchmal ändern, manchmal aber auch nicht. Jedenfalls haben wir auf uns selbst mehr Einfluss als auf die anderen. Unsere Mitmenschen können wir nur drauf hinweisen, dass uns ihr Verhalten missfällt. Manchmal tun sie uns einen Gefallen und ändern ihre Verhaltensweisen. Aber es steht nicht in unserer Macht, alle Menschen auf dieser Welt in unserem Sinn zu beeinflussen. Meist bleibt es so, wie es ist. Wir haben lediglich die Wahl, wie wir auf die anderen reagieren wollen. Wir können wegen jeder Kleinigkeit an die Decke gehen oder entspannt bleiben. Gelingt es uns, die Ruhe zu bewahren, merken wir, dass uns das Verhalten der anderen weniger tangiert, als wir zunächst dachten. Daraus können wir den Schluss ziehen, das nächste Mal schon früher zu dieser Erkenntnis zu kommen. Es geht auch so. Wem ist geholfen, wenn wir die Fassung verlieren?
Indem wir die Realität mitsamt ihren Gefühlen, Gedanken und Handlungen als Realität anerkennen, nehmen wir eine Menge Druck von uns. Alle negativen Gefühle – Ängste, Enttäuschungen, Ärger – dürfen da sein. Auch alle Probleme dürfen da sein. Was ist, ist. Vielleicht können wir eine Lösung finden, vielleicht auch nicht. Jedenfalls können wir dies alles aushalten. Es gefällt uns nicht, aber es geht auch so.

Wie viel darf man akzeptieren?

Jeder hat bestimmte Punkte, gegen die er sich besonders wehrt. Manche hassen Ungerechtigkeit, andere können es nicht ausstehen, dass so vieles unvollkommen ist. Dummheit ist ein weiteres rotes Tuch. Wer dagegen anrennt, zeigt, dass er nicht akzeptieren will, dass andere Menschen von Dingen, die er persönlich für wichtig hält, keine Ahnung haben. Sehr viele wollen auch nicht hinnehmen, dass Menschen erkranken, alt werden und sterben. Sie sagen: »Aber der doch nicht oder die nicht, jetzt noch nicht, so nicht, ich nicht.« Allen ist gemeinsam, dass sie es mehr oder weniger hassen, dass die Realität hinter ihren Idealen zurückbleibt.

Mir geht es hier nicht darum, ob es richtig oder falsch ist, bestimmte Dinge abzulehnen, sondern ich will auf die Folgen hinweisen. Je weniger Sie akzeptieren können, desto mehr werden Sie leiden. Sie müssen nicht zu allem Ja und Amen sagen. Aber Sie sollten den Preis kennen. Dieser Preis ist besonders hoch, wenn Abneigung in Hass mündet. Solange Sie die Gerechtigkeit der Ungerechtigkeit, die Perfektion der Unvollkommenheit und die Intelligenz der Dummheit vorziehen, können Sie Ihr inneres Gleichgewicht wahren und weitgehend gelassen bleiben. Wenn Sie aber darauf bestehen, dass die Welt gerecht, vollkommen und klug sein muss, handeln Sie sich viel Stress ein.

»Ich kann es aushalten«

Warum glauben wir, die Dinge ändern zu müssen? Warum dramatisieren wir? Weil wir befürchten, X (was immer das sein mag) nicht aushalten zu können. Wären wir dagegen davon überzeugt, mit X fertig zu werden, könnten wir es ändern, wenn wir dies vorzögen, aber müssten es nicht. Wären wir der festen Meinung, X ertragen zu können, müssten wir X nicht als fürchterlich, schrecklich oder katastrophal bezeichnen.

Es genügt aber nicht, sich einzureden, X aushalten zu können. Der Satz allein besitzt keine Magie. Wir kommen nicht umhin, uns davon zu überzeugen, dass wir es tatsächlich aushalten können. Wir müssen Gründe finden, die dafür sprechen, dass wir mit X fertig werden. Die Mühe, solche überzeugenden Gründe zu finden, kann Ihnen niemand abnehmen; denn dann müsste man Sie und Ihre Situation genau kennen. Keiner aber kennt Sie, die Situation und die Gründe, damit fertig zu werden, besser als Sie selbst. Ein paar dieser Gründe lassen sich allerdings in allgemeiner Art benennen.

Sie könnten sich z.B. vergegenwärtigen, was Sie in der Vergangenheit schon alles ertragen haben: Krankheiten, Prüfungen, Verluste u.a.m. In diesen Situationen glaubten Sie bestimmt oft, dass Sie es nicht mehr schaffen könnten, dass Sie überfordert seien – und dann ging es doch. Warum sollte es diesmal anders sein?

Sie könnten außerdem annehmen, dass Sie dasselbe bewältigen können, wozu andere imstande sind. Wenn andere es schaffen, dann werden Sie aller Wahrscheinlichkeit nach auch dazu in der Lage sein.

Sie könnten weiter überlegen, was Ihnen helfen könnte, X zu ertragen. Was könnte es Ihnen leichter machen? Wer wird Sie möglicherweise unterstützen? Wer und was hat anderen in einer ähnlichen Lage geholfen, damit fertig zu werden?
Oft genügt schon die bloße Erinnerung daran, dass wir eine Menge aushalten können. Wir sind bloß in einem bösen Traum gefangen und brauchen nur aufzuwachen. Dann wissen wir, dass wir die tatsächliche Belastung überschätzen und unsere Bewältigungsmöglichkeiten unterschätzen.
Sie werden aber nie mit Sicherheit wissen, ob Sie es schaffen werden, X zu ertragen. Die Zukunft ist immer ungewiss. Über den letzten Rest an Ungewissheit kommen Sie nur hinweg, indem Sie darauf vertrauen, es zu schaffen. Vertrauen hat viel mit Optimismus zu tun. Ob Sie optimistisch sind, das hängt – wieder einmal – von Ihrem Denken ab.
Der Psychologe Martin Seligman hat sehr genau erforscht, welche Überzeugungen Pessimisten und Optimisten hegen. Er hat drei Grundaussagen ermittelt. Optimisten sind der Meinung, dass alles, was unangenehm ist,

- vorübergeht,
- nur einen Teil ihres Lebens betrifft,
- einfach Pech ist.

Optimisten sind weiter davon überzeugt, dass alles, was angenehm ist,

- bleibt oder wiederkommt,
- sich auf alle Bereiche ihres Lebens auswirkt,
- in ihrer eigenen Macht steht.

Pessimisten glauben das glatte Gegenteil. Alles Unangenehme

- halten sie für beständig,
- erfasst ihrer Auffassung nach alle Bereiche ihres Lebens,
- sehen sie als ihre eigene Schuld an.

Das Angenehme, so meinen Pessimisten:

- geht vorüber,
- ist begrenzt und
- reine Glückssache.

Welche dieser beiden Einstellungen wollen Sie annehmen?

Eine Entscheidung treffen

Wir haben die Wahl

In der Außenwelt können wir selten bestimmen, was passiert. Das Wetter macht, was es will. Die Erde dreht sich, wie es ihr passt. Die Regierung bricht ihre Versprechen, wie sie mag. Der Goldhamster stirbt, wenn seine Zeit gekommen ist. Auch auf die Lottozahlen haben wir keinen Einfluss.

Wie wir darauf reagieren, das ist unsere Sache. Wir können daran verzweifeln oder die Ruhe bewahren. Schimpfen, brüllen, lachen, ein Glas Wasser oder Schnaps trinken – das alles und noch viel mehr können wir tun oder lassen. Dem Wetter ist egal, wie wir uns entscheiden. Nur wir selbst leiden unter unserem Denken. Das Glück eines gelassenen Lebensstils erfahren nur wir selbst unmittelbar.

Aber nicht einmal unsere Gedanken haben wir vollständig unter Kontrolle. Ein ständiger Strom von Phantasien, Träumen und Bildern zieht an unserem inneren Auge vorbei. Ununterbrochen hören wir innere Selbstgespräche und Dialoge. Wir können aber eingreifen. Wir können uns unserer Gedanken bewusst werden. Wir haben die Möglichkeit, Gedanken festzuhalten oder loszulassen und durch andere zu ersetzen. Diese Fähigkeit ist der Schlüssel zur Gelassenheit.

Jeder, der überhaupt in der Lage ist, seine Gedanken wahrzunehmen, kann auch seine beunruhigenden Phantasien zügeln. Worst-case-Denken, das heißt die Annahme des schlimmsten Falles, können wir umlenken und uns stattdessen das Bestmögliche vorstellen.

Aber passen Sie auf. Es kann sein, dass es Ihnen für einen Moment gelingt, sich angenehme Gedanken zu machen. Doch schon im nächsten Moment, im Bruchteil einer Sekunde, denken Sie wieder: »Das Umdenken klappt nicht. Reine Theorie.« So schnell und einfach kann man sich austricksen. Für Momente ist man achtsam und steuert bewusst seine Gedanken. Doch im nächsten Augenblick setzen sich die alten Denkgewohnheiten wieder durch, und man glaubt, mit dieser Methode für immer gescheitert zu sein. Auch Gedanken wie: »Das wird ja doch nichts« oder »Umdenken funktioniert nicht«, »Das ist alles viel zu kompliziert (oder viel zu einfach)« sind nichts weiter als Gedanken. Sie haben die Wahl. Sie können sie glauben, wenn Sie wollen. Sie können sie aber auch in Frage stellen und durch hilfreichere Gedanken ersetzen. Das ist nicht immer einfach, schon gar nicht am Anfang. Man begreift die Grundidee des ABCs der Gefühle (Wir fühlen, wie wir denken) zwar schnell, aber keinem gelingt es, den ganzen Tag aufmerksam zu bleiben. Für kurze oder lange Zeit erleiden wir Rückschläge und fallen in alte Denkgewohnheiten zurück. Dagegen gibt es nur ein Mittel: immer wieder bei null anfangen. Das heißt in diesem Fall: sich seine Gedanken bewusst machen, sie auf ihre Nützlichkeit prüfen und, wenn nötig, durch solche ersetzen, die einem helfen, sich so zu fühlen und so zu handeln, wie man möchte.

Konkurrierende Gedanken

Wir haben die Wahl, weil hilfreiche und schädliche Gedanken ständig miteinander konkurrieren. Beide Arten sind immer in Reichweite. Es ist unsere Aufgabe, sie zu unterscheiden und die nützlichen, beruhigenden, Glück und Wohlbefinden fördernden Gedanken auszuwählen. Dazu ein Beispiel:
Nehmen wir an, jemand hat eine Trennung von einem Partner / einer Partnerin hinter sich. Nun ist er oder sie mit einem neuen Partner / einer neuen Partnerin zusammen, und die Beziehung kriselt. Er bzw. sie kann so oder so darüber denken. Die beunruhigende Alternative wäre: »Nicht schon wieder. Nicht noch eine Trennung. Das überlebe ich nicht. Gott, ist das alles furchtbar.« Ein paar beruhigende Gedanken könnten so aussehen:

- »Ich kann es aushalten.«
- »Dann ist es eben so.«
- »Das wird schon wieder.«
- »Ich werde auch damit fertig.«
- »Irgendwie geht es immer weiter.«

Da sowohl die einen wie die anderen Gedanken miteinander konkurrieren, ist es möglich, dass der- bzw. diejenige mal das eine, mal das andere denkt. Es ginge ihm / ihr aber bedeutend besser, wenn er / sie die dramatischen Gedanken anzweifeln und die stressfreieren bevorzugen würde. Um es noch einmal zu wiederholen: Es geht nicht darum, bestimmte Formulierungen gebetsmühlenartig zu wiederholen. Entscheidend ist, sich wirklich davon zu überzeugen, dass man jede Krise überstehen und über kurz oder lang ein glückliches Leben führen kann.

Neue Erfahrungen

Wie wichtig sind unsere bisherigen Erfahrungen bei dem, was wir denken? Vorsicht, das ist eine Fangfrage. Nicht die Erfahrungen bestimmen, was wir denken, sondern wir entscheiden, welche Bedeutung wir unseren bisherigen Erfahrungen geben. Erfahrungen beschreiben nur den bisherigen Weg. Wie wir uns die Zukunft vorstellen, das ist im Prinzip offen. Wir können die bisherigen Erfahrungen in die Zukunft fortschreiben. Oder wir erfinden etwas Neues, unabhängig von unserem bisherigen Weg.

Einzelpersonen, aber auch Gesellschaften, können Traditionen also fortsetzen oder eben nicht. Wenn sie gut sind, lohnt es sich, sie zu bewahren. Aber sie können auch eine Belastung sein. Betrachten wir einige Traditionen kollektiver Art. In Schottland zum Beispiel wird noch heute der Gräuel gedacht, die die Engländer den Schotten vor vielen Jahrhunderten angetan haben. Damit lädt man ohne Notwendigkeit Steine auf seine Seele.

Der Nachahmung wert ist dagegen das Modell der deutsch-französischen Freundschaft. Auch das Verhältnis dieser beiden Nationen war lange Zeit durch mehrere Kriege belastet. Nach dem Zweiten Weltkrieg beschloss man, einen neuen Anfang zu machen. Das neue Leitbild der deutsch-französischen Freundschaft wurde ins Leben gerufen. An die Stelle der unguten Tradition trat u.a. ein lebhafter Schüleraustausch. Kulturelle, politische und wirtschaftliche Begegnungen auf allen Ebenen machten es möglich, dass sich die Menschen auf beiden Seiten kennen und schätzen lernten. Auf diese Weise wurde – Schritt für Schritt – die Grundlage für Frieden in Europa geschaffen.

Individuen und Völker können die bisherige Vergangenheit endlos fortsetzen oder mit ihr brechen und einen neuen Anfang machen.

Also noch einmal: Wie wichtig sind bisherige Erfahrungen? Wollen Sie Ihre Vergangenheit fortsetzen oder einen Neuanfang machen? Wovon wollen Sie sich überzeugen? Achten Sie auf Ihre Gedanken.

Die Ursprünge gelassenen Denkens

Die unerschütterliche Ruhe der Stoiker

Bereits vor etwa 2000 Jahren entdeckten griechisch-römische Philosophen den Zusammenhang zwischen Gedanken und Gefühlen. Ihnen war klar, dass man gegenüber der Außenwelt oft machtlos ist, die Innenwelt jedoch in hohem Maße steuern kann.

Am deutlichsten spricht diese Erkenntnis aus der Lehre des Philosophen Epiktet (50–138). Er war der Meinung, dass wir relativ wenig Macht darüber haben, was mit unserem Körper, Vermögen und Ansehen wird, dass wir aber immer entscheiden können (und dies auch tun), wie wir auf die äußeren Ereignisse reagieren wollen.

Die Philosophie der Stoiker ist, wie oft bei alten historischen Zeugnissen, nur bruchstückhaft überliefert. Einige von ihnen haben überhaupt nur mündlich unterrichtet. Das, was ihre Schüler aufgeschrieben haben, ist zum größten Teil untergegangen. Die erhalten gebliebenen Schriften sind mehr oder weniger gut übersetzt. Schaut man sich die verschiedenen Übersetzungen an, stellt man bereits erhebliche Unterschiede fest.

Jede Überlieferung und Übersetzung ist auch Interpretation. Wir kennen dies vom Spiel »Stille Post«. Jemand flüstert einem anderen eine Geschichte ins Ohr. Auf solche Weise wird sie mehrfach weitergegeben. Vergleicht man zum Schluss die

Anfangs- mit der Schlussgeschichte, kann man sich wundern und hat eine Menge zu lachen. Dabei ist im Allgemeinen nicht einmal Absicht im Spiel. Allein durch die unterschiedliche Wortwahl ändert sich die Bedeutung jedes Mal ein wenig, ebenso durch kleine Hinzufügungen und Weglassungen. Diese Sinnverschiebungen summieren sich aber mit der Zeit gewaltig auf.

Trotz der Probleme, die es bei der Rekonstruktion der stoischen Philosophie gibt, ist festzustellen, dass die Reden und Schriften der Stoiker bei vielen gebildeten Menschen ein hohes Ansehen genossen haben. Sonst hätten sie diese Gedanken nicht an spätere Generationen überliefert. Auch heute noch werden die Texte der Stoiker gedruckt, was nach 2000 Jahren bemerkenswert ist. Das Wort »stoisch« ist in unsere Sprache eingegangen als gleichbedeutend mit »gleichmütig, gelassen, unerschütterlich«. Den Hauptgedanken Epiktets (frei formuliert: Nicht die Ereignisse machen uns Stress, wir machen uns den Stress selbst, indem wir die Ereignisse dramatisieren) habe ich diesem Kapitel zugrunde gelegt.

Rationale Therapie

Mitte der 50er Jahre des 20. Jahrhunderts hat der amerikanische Psychologe Albert Ellis die Philosophie der Stoiker zum Ausgangspunkt einer neuen Therapie gemacht. Er stützte sich vor allem auf den oben genannten Satz Epiktets. Dessen Erkenntnis nannte Ellis das ABC der Gefühle: Nicht die Dinge (A) lösen den Stress (C) aus, sondern die Vorstellungen (B) von den Dingen.

Seiner neuen Therapie gab er zunächst den Namen »Rationale Therapie«. Als er sich dem unberechtigten Vorwurf ausgesetzt sah, seine Therapie vernachlässige die Gefühle, erweiterte er den Namen zur »Rational-Emotiven Therapie«. Vor kurzem hat er sie erneut umbenannt in »Rational-Emotive Verhaltenstherapie«, um zu betonen, dass seine Therapie auch auf eine Änderung des Verhaltens zielt.

Am Anfang seiner Karriere hatte Ellis wie die meisten Psychotherapeuten seiner Zeit mit der Psychoanalyse begonnen. Er war aber mit den Ergebnissen unzufrieden und suchte deshalb nach einem neuen Ansatz. In der Philosophie wurde er fündig. Die Erkenntnis Epiktets leuchtete ihm ein, und er begann, sie seinen KlientInnen zu vermitteln. In Anlehnung an Sokrates' Methode stellte er die Ansichten seiner KlientInnen in Frage. Diese sollten begreifen, dass manche Gedanken nur Leid verursachen, während andere einem erlauben, relativ glücklich zu sein und im Leben voranzukommen.

Etwa zur selben Zeit wie Albert Ellis entdeckte ein weiterer amerikanischer Psychologe, Aaron T. Beck, das ABC der Gefühle.

Eigentlich hatte er die Annahme der Psychoanalyse bestätigen wollen, musste aber feststellen, dass dies in der therapeutischen Praxis nicht möglich war. Seine KlientInnen übten sich zwar in freier Assoziation und äußerten auch unbefangen ihre Gedanken. Da sie aber mehr Gedanken hatten, als sie in den Sitzungen äußern konnten, und nicht wussten, auf welche sie achten sollten, kamen die wesentlichen Dinge meist gar nicht zur Sprache. Erst als Beck sie gezielt nach bestimmten, typischerweise Stress auslösenden Gedanken fragte, bestätigten sie ihm, dass ihnen dies tatsächlich durch den Kopf gegangen war.

Beck fand im Gespräch mit den KlientInnen heraus, dass psychologische Probleme nicht durch das Unbewusste verursacht wurden, sondern durch fehlerhafte Schlussfolgerungen, durch mangelhafte Unterscheidung zwischen Phantasie und Realität, durch irreführende Grundannahmen und unvernünftige Einstellungen. Psychische Störungen ähnelten damit eher Missverständnissen.

Die Therapie bestand daher darin, diese Denkfehler zu korrigieren. Ich habe die typischen Denkfehler und ihre Alternativen in meinem Buch »Glücklich wie ein Buddha« beschrieben. Ich nenne sie die »dreckigen 13«, weil es 13 sind und weil sie einem das Leben verleiden. (Bücher zur Therapie nach Ellis und Beck finden Sie im Literaturverzeichnis.)

Aaron T. Beck nannte seine Methode »Kognitive Verhaltenstherapie«. Kognitiv geht auf das lateinische Wort für »denken« zurück. Die Verhaltenstherapie unterlag bis dahin dem Irrtum, dass Reize unmittelbar Verhalten auslösen. Diese Annahme ist zumindest für alle höher entwickelten Lebewesen falsch. Aus dem AC-Modell der alten Verhaltenstherapie wurde nunmehr das ABC-Modell. B bezeichnet die Kognitionen, also alle Wahrnehmungen, Bewertungen, Gedanken, inneren Bilder usw.

Innerhalb der Verhaltenstherapie, aber auch in der Psychotherapie allgemein, stellten die neuen Ansätze von Ellis und Beck eine Revolution dar. Die reinen Verhaltenstherapeuten, die so stolz waren auf ihre Tierdressuren und die Tilgung des Geistes aus ihrer Wissenschaft, hatten verloren. Der »wissenschaftliche« Materialismus, der Menschen als rein mechanische, geistlose Maschinen betrachtete, war nicht mehr haltbar.

Allerdings wäre es falsch, die orthodoxen Verhaltensforscher im Nachhinein als Dummköpfe zu betrachten. Sie hatten am Anfang ein sehr verständliches Anliegen. Es ging ihnen darum, die naturwissenschaftlichen Methoden in die Psychologie einzuführen, und das bedeutete: beobachten, zählen, messen, rechnen, experimentieren. Geist erschien ihnen dabei als ein unfassbares Konstrukt. Sie meinten, ihn weder mit ihren Sinnen beobachten noch mit ihren Händen greifen zu können. Deshalb erklärten sie ihn kurzerhand für nichtexistent. So wie ihre Experimente angelegt waren, brauchten sie ihn zur Erklärung ihrer Beobachtungen nicht. Dass sie dabei Opfer ihrer Selbsttäuschungen wurden, fiel ihnen nicht auf.

Falls Sie dieses Thema interessiert, können Sie bei Martin Seligman in seinem Buch »Learned optimism« (deutscher Titel: »Pessimisten küsst man nicht«) nachlesen, wie die orthodoxe Verhaltenstherapie im Einzelnen widerlegt wurde. Viele empfanden die Verhaltenstherapie wegen ihrer Tierexperimente ohnehin immer als ethisch fragwürdig. Einige Psychologen, unter ihnen Carl Rogers, hatten deshalb schon zeitig das Bedürfnis, sich von den frühen Verhaltenstherapeuten zu distanzieren, weil sie Menschen letztlich nicht anders behandelten als Ratten. Diese Gegenrichtung wurde humanistische Psychotherapie genannt.

Erkenntnisprozesse folgen somit dem Schema These – Antithese – Synthese. Eine Idee fordert weitere, oft gegensätzliche Meinungen heraus. Am Ende sind alle ein bisschen klüger, wenn sie gut aufpassen.

Zurück zu den Wurzeln

Lange Zeit orientierte sich Psychotherapie ausschließlich am medizinischen Modell. Nach einer gründlichen »Diagnose« der »Krankheit« sollte die »Therapie« erfolgen. Psychotherapeuten verstanden sich als Heiler und traten wie Ärzte auf, die ihren »Patienten« zu sagen hatten, was ihnen fehlte. Von den Patienten wurde erwartet, dass sie die Anordnungen der Experten befolgten.

Vor allem in den USA wurden ganze Kataloge psychischer Krankheiten erstellt, mit deren Hilfe die Psychotherapeuten sichere Diagnosen erstellen wollten. Mit jeder Ausgabe wurden neue Krankheiten aufgenommen und andere gestrichen. Paul Watzlawick, Psychotherapeut und Autor des Bestsellers »Anleitung zum Unglücklichsein«, macht sich noch heute darüber lustig, dass der amerikanischen Psychologenvereinigung mit einem Schlag die Heilung Hunderttausender Menschen gelang, als sie die »psychische Krankheit« Homosexualität aus dem Katalog wieder entfernte.

Wie in der Medizin bekamen Menschen Etiketten verpasst, die sie beispielsweise als »depressiv«, »phobisch« oder »soziopathisch« klassifizierten. Mit einem Etikett war den Leuten aber noch nicht geholfen. Die Psychotherapie hat bis heute das Problem, dass für fast alle Verfahren Wirksamkeitsnachweise fehlen. Die manchmal prominenten Begründer von Therapieschulen haben zwar stets lautstark und selbstbewusst spektakuläre Behandlungserfolge behauptet, aber diese erwiesen sich dann bei anderen Patienten allzu oft als nicht wiederholbar. Vor allem die zunächst hoch angesehene Psychoanalyse konnte die in sie gesetzten Erwartungen im Laufe der Jahrzehnte nicht erfüllen. In den USA gilt sie inzwischen als zu zeitaufwändig, zu teuer und zu unwirksam.

Als eine der wenigen Methoden konnte die Kognitive Verhaltenstherapie in wissenschaftlichen Studien ihre Wirksamkeit nachweisen. In den USA gilt es beinahe schon als Behandlungsfehler, wenn bei den häufigsten Formen der klinischen Depressionen nicht Kognitive Verhaltenstherapie eingesetzt wird. Die Methode der Kognitiven Verhaltenstherapie ist in wenigen Behandlungsstunden vermittelbar und daher auch kostengünstig. Obwohl man meinen könnte, dass ein Verfahren, das die Patienten dazu anleitet, ihre Gedanken unter die Lupe zu nehmen, hohe intellektuelle Fähigkeiten voraussetzt, ist dies nicht der Fall. Jeder durchschnittlich begabte Mensch ist dazu in der Lage.

Albert Ellis sieht heute die Zukunft der Rational-Emotiven Verhaltenstherapie, die der Kognitiven Verhaltenstherapie stark verwandt ist, in der Pädagogik. Je mehr Menschen schon frühzeitig lernen, dass bestimmte Gedanken ihre psychischen Probleme verursachen, desto weniger werden später psychisch »krank«.

Martin Seligman, der der Kognitiven Psychotherapie mit zum Durchbruch verholfen hat, hat ein Lernprogramm entwickelt, mit dem Kinder gegen Depressionen »geimpft« werden können.

Irrationale, unvernünftige Gedanken rufen – wie gesagt – emotionale Störungen und Verhaltensprobleme hervor. Umgekehrt ermöglicht rationales, vernünftiges Denken ein emotional ausgeglichenes Leben und ein auf sinnvolle Ziele ausgerichtetes Verhalten.

Jeder Mensch macht sich seine Gedanken und entwickelt eine eigene Lebensphilosophie. Manche Lebensphilosophien behindern Menschen aber in der Entfaltung ihrer Möglichkeiten. Wahrnehmungen können fehlerhaft, Bewertungen von Tatsachen übertrieben und zu dramatisch sein. Wie Aaron T. Beck früh erkannt hat, beruhen psychische Probleme, vor allem emotionale Störungen, eher auf Missverständnissen als auf einer »kranken« Psyche. Das heißt aber auch, dass die Anlehnung der Psychotherapie an das medizinische Modell fragwürdig ist.

Die Anerkennung der Psychotherapie als Heilverfahren ist für den Berufsstand der PsychotherapeutInnen ein kommerzieller Erfolg, weil er ihnen den Zugang zu den finanziellen Leistungen der Krankenversicherung ermöglicht. Das sichert so manches Einkommen. Vom Verständnis her ist es eher ein Rückschritt.

Nachdem jahrzehntelang ein Psychoboom herrschte und Therapien wie Moden gehandelt wurden – mit jeder Saison kamen neue Verfahren auf den Markt –, macht sich gegenwärtig eher eine Flaute breit. Ernüchterung scheint eingekehrt zu sein. Weder die Euphorie am Aktienmarkt noch die auf dem Psychomarkt hat lange gehalten. Die Menschen haben nach wie vor emotionale Probleme und wissen nicht, wie sie sich selbst helfen können. Manche meinen, es sei schlimmer als zu Beginn der Psychotherapie – was sicherlich eine Übertreibung ist.

Aber vielleicht ist dies der Beginn der Erkenntnis, dass das Leben keine Krankheit ist. Episoden von Unglücklichsein gehören zum Leben dazu. Sie sind kein Fall für den Arzt oder Psychotherapeuten. Die meisten emotionalen Störungen vergehen ebenso wie die meisten Krankheiten von allein wieder. Menschen verfügen über beachtliche Selbstheilungskräfte und Regenerationsfähigkeiten. Der Rat der Mediziner »Gehen Sie mit jedem Unwohlsein, das Sie nicht verstehen, sofort zum Arzt« schreit nach dem Zusatz »Sonst ist die Sache vorbei, ohne dass wir daran verdienen konnten«.

Es gibt weder perfekte Gesundheit noch perfektes Glück. Wie man mit diesen Tatsachen am besten umgeht, das ist eine Sache der Lebenseinstellung, und die wiederum hat mehr mit Philosophie als mit Medizin oder Psychotherapie zu tun.

Damit wären wir wieder am Ausgangspunkt angelangt: der Philosophie der Stoiker. Unser Erkenntnisstand entspricht wieder dem hohen Niveau, das gebildete Kreise vor zweitausend Jahren besaßen. Nur wenn man alles Neue automatisch für überlegen hält, wertet man das Alte ab. Wir glauben vorschnell, dass Menschen vor tausend oder zweitausend Jahren Halbidioten gewesen sein müssen, nur weil sie keine Autos, Computer und Haarföne besaßen. Moderne Technik ist eben nicht alles. Was das Denken betrifft, schaffen es Menschen mühelos, hinter einmal gewonnene Erkenntnisse weit zurückzufallen. Und damit kommen wir zum nächsten Punkt.

Theravada-Buddhismus

Im Buddhismus, den viele im Westen für eine geschlossene, einheitliche Religion halten, gibt es in Wirklichkeit genauso viele verschiedene Richtungen wie im Christentum oder jeder anderen großen Religion.

Der Theravada-Buddhismus stützt sich auf die ältesten bekannten Überlieferungen und steht damit der ursprünglichen Lehre des Begründers dieser Religion, Siddhartha Gautama, am nächsten. Dieser beantwortete die Frage, wie man ihn anreden solle, mit: »Tathagata« (einer, der den Weg gegangen ist). Erst später bürgerte sich die Bezeichnung des »Buddha« (der Erwachte, Erleuchtete) ein.

Seiner Lehre gemäß war Siddhartha Gautama ein Mensch, dem es gelungen war, eine innere Einstellung zu entwickeln, durch die ihn nichts ernsthaft aus der Fassung bringen konnte. Er war so ruhig und ausgeglichen, dass ihn seine Umgebung deswegen bewunderte und wissen wollte, wie er das schaffte.

Der Buddha betonte immer wieder, dass jeder Mensch dieselbe Gelassenheit erreichen könnte, wenn er nur aufmerksam gegenüber seinem Körper, seinen Gedanken, Gefühlen und seiner Umgebung sei und darauf achte, was ihm guttue und was nicht.

Ausgehend von den Erkenntnissen der heutigen Kognitiven Verhaltenstherapie liegt die Vermutung nahe, dass dem Buddha bei seinen Beobachtungen der Zusammenhang zwischen seinen Gedanken und Gefühlen bewusst geworden war. Auf diese Weise hatte er sich in die Lage versetzt, nach Belieben seinen aufkommenden Ärger, seine Ängste, seine Hoffnungslosigkeit, die ihn zu Beginn seines Weges geplagt hatten, zu beenden und stattdessen Ruhe und Glück hervorzurufen. Er hatte sich von der Unausweichlichkeit des Leidens befreit, der die meisten anderen unterworfen schienen, weil sie nicht gelernt hatten, ihre Gefühle mittels ihrer Gedanken zu kontrollieren.

Der Buddha war sich der Bedeutung seiner Entdeckung in hohem Maße bewusst; denn er hatte vorher viele vergebliche Versuche unternommen, sich vom Leiden zu befreien. So hatte er zunächst Yoga und Meditation, später auch strenge Askese geübt. Interessant ist dabei, dass er seine Angst vor dem Tod dadurch zu bekämpfen suchte, dass er Leichenfelder aufsuchte. In der damaligen Zeit wurden nicht alle Toten begraben oder verbrannt, sondern einfach auf bestimmte Plätze geworfen, wo sie sichtbar verwesten. Diesen Versuch, seine Ängste zu überwinden, könnte man nach den heute gültigen Begriffen der Verhaltenstherapie als »Desensibilisierung« bezeichnen. Ohne gleichzeitige Änderung der Gedanken bewirkt sie allerdings auch wenig.

Keines der frühen Dokumente des Theravada-Buddhismus widerspricht den Erkenntnissen der Kognitiven Verhaltenstherapie. Allerdings benennt auch keines den Zusammenhang zwischen Gedanken und Gefühlen ausdrücklich. Vielmehr heißt es sinngemäß: »Er weiß, wenn in ihm Gier, Hass und Zweifel vorhanden sind. Er ist sich bewusst, wenn in ihm weder Gier noch Hass noch Zweifel vorhanden sind. Wie es zur Entstehung dieser Hindernisse kommt, auch das weiß er. Wie es zum Aufgeben und nicht wieder zur Entstehung dieser Hindernisse kommt, auch das weiß er.«

Vom Buddha wird an mehreren Stellen der ältesten überlieferten Zeugnisse gesagt, dass er imstande war, seine Gedanken nach Belieben kommen und gehen zu lassen. Dass er seinen Gefühlen nicht ausgeliefert war, gehört zum Bild des freundlich lächelnden Buddha.

Man könnten sogar darüber spekulieren, ob die Philosophie der Stoiker von der frühen buddhistischen Lehre beeinflusst war. Verbindungen zwischen Griechenland, Rom und Indien in der damaligen Zeit sind bekannt. Zeitlich wäre es auch denkbar. Siddhartha Gautama lebte ca. 500 v. Chr. Die stoische Philosophie entwickelte sich ab ca. 300 v. Chr. Bewiesen ist ein solcher Einfluss bis heute allerdings nicht.

Viele, die sich Ruhe und Gelassenheit wünschen, fühlen sich von der Lehre Epiktets und des Buddha gleichermaßen angezogen. Albert Ellis hat in einem Interview geäußert, dass er den Buddhismus wählen würde, müsste er sich für eine Religion entscheiden. Er zieht es allerdings vor, keiner Religion zu folgen.

Das Bedürfnis nach Gelassenheit

Epiktet kam als Sklave nach Rom. Er wurde ca. 50 n. Chr. in einer Gegend geboren, die heute zur Türkei und damals zum Römischen Reich gehörte. Wie er Sklave wurde, das ist nicht bekannt. Aber viele reiche Römer hielten sich damals einen gebildeten Sklaven. Später wurde er freigelassen, gründete eine Schule und verkündete seine Lehren.

Seneca, ca. 50 Jahre vor Epiktet geboren, lebte als Erzieher und Politiker im Umkreis des Kaisers Nero, konnte dessen Amokläufe aber auch nicht verhindern. Im Gegenteil: Auf Befehl Neros musste er sich selbst töten. Wie es heißt, brachte er es gelassen hinter sich.

Mark Aurel (121–180), römischer Kaiser seit 161, führte eine Reihe von Kriegen, fühlte sich mit seiner Rolle als Herrscher aber anscheinend nicht so recht wohl und litt unter Depressionen. Seine »Selbstbetrachtungen« dienten ihm als Selbsthilfe gegen seine pessimistische Lebensauffassung und halfen ihm offenbar tatsächlich über das Schlimmste hinweg.

Siddhartha Gautama, der spätere Buddha, wuchs der Legende nach als Prinzensohn in großer Pracht auf. Da sein Vater aber – wie ebenfalls überliefert ist –, hinter einem Ochsen gehend, seine Felder selbst bestellte, darf man sich das Elternhaus des Buddha wohl nicht allzu luxuriös vorstellen. Sein Vater dürfte nach heutigen Maßstäben ein einflussreiches Mitglied in seiner Gemeinde mit einem gewissen Grundbesitz gewesen sein. Siddhartha war in seiner Kindheit jedenfalls keiner äußeren Not ausgesetzt. Umso härter traf ihn die Beobachtung, dass Menschen erkranken, altern und sterben. Er reagierte darauf mit großem Trübsinn. Da er an den Tatsachen nichts ändern konnte, suchte er nach einem anderen Weg, um sein inneres Gleichgewicht wiederherzustellen.

Albert Ellis, geboren 1913, lebt seit frühester Kindheit in New York. Sein Elternhaus, insbesondere seine Mutter beschreibt er als neurotisch, behauptet aber, dass ihm dies, im Gegensatz zu seinen Geschwistern, nie etwas ausgemacht habe. Ihm sei von Anfang an klar gewesen, dass seine Mutter emotional gestört war und er sie nicht ernst zu nehmen brauchte. Seine autobiografischen Angaben tendieren zu einem gewissen Heroismus; denn auch seine anfängliche Schüchternheit gegenüber Frauen, seine beiden gescheiterten Ehen sowie seine schwere Diabetes, die er bereits als Jugendlicher bekam, hat er nach eigenen Angaben ohne nennenswerte emotionale Probleme weggesteckt.

Sein Verhältnis zur Arbeit nennt er »workophil«. Er hat Dutzende von Bücher und Hunderte von Artikeln geschrieben, ein Institut in New York und dazu ein weltweites Netzwerk von Ausbildungszentren aufgebaut. 1983, also mit 70 Jahren, berichtete er, dass er um 8.30 Uhr, wenn der Wecker klingelt, binnen 10 Sekunden aus dem Bett springt und bis 1.15 Uhr aufbleibt. Seine Arbeit beginnt er um 9.30 Uhr und beendet sie um 23.00 Uhr. Diese Arbeitsgewohnheiten hat er zeit seines Lebens beibehalten. Ellis bietet seine Therapie von montags bis sonntags an. Er meint, wenn man einmal Berge gesehen habe, habe man alle gesehen (was Urlaub überflüssig mache). Die Grachten in Amsterdam schienen ihm bei seinem Besuch der Stadt unpraktisch. Er fand, man solle sie lieber zuschütten. Ellis hielt sich dort natürlich nicht urlaubshalber, sondern zu einem »Work«shop auf.

Albert Ellis entwickelte seine Therapiemethode in den 50er und 60er Jahren des vorigen Jahrhunderts. Dies Zeit war durch folgende Ereignisse geprägt: Zwischen den USA und der UdSSR herrschte Kalter Krieg. 1962 gipfelte dieser in der Kuba-Krise. Die Welt stand am Rand eines Atomkriegs. Der Kalte Krieg vergiftete außerdem das innenpolitische Klima in den USA. Kritische Bürger wurden von einem Tag auf den anderen verdächtigt, Kommunisten zu sein, und mussten sich vor Untersuchungsausschüssen zu Verhören einfinden. 1963 wurde Präsident John F. Kennedy ermordet. Die USA verstrickten sich zunehmend in einen Krieg mit Nordvietnam. Rassentrennung und andere Formen der Diskriminierung bestimmten den Alltag der AfroamerikanerInnen. Mitte und Ende der 60er Jahre kam es zu bürgerkriegsähnlichen Zuständen in einigen amerikanischen Städten.

Was haben die Biografien von Epiktet, Seneca, Mark Aurel, Siddhartha Gautama und Albert Ellis gemeinsam? Alle fünf sahen sich mit schwierigen, existenziellen, persönlichen und politischen Problemen konfrontiert. Alle bewegte die Frage: Wie kann man unter solchen Umständen gelassen und vielleicht sogar glücklich leben?

Albert Ellis hat dazu einen programmatischen Aufsatz geschrieben: »Rational living in a irrational world« (Vernünftiges Leben in einer unvernünftigen Welt). Er listet darin einige Spielarten des alltäglichen menschlichen Wahnsinns auf, angefangen bei Krieg, Terror, Unterdrückung, Korruption, Umweltverschmutzung und Bevölkerungsexplosion über Unwissenheiten der Eltern bei der Kindererziehung, sexuellen Missbrauchs von Kindern, Mängel im Bildungssystem und selbstverursachte Wirtschaftskrisen bis hin zu unsinnigen Ritualen, Moden, Aberglauben, selbstschädigendem Verhalten wie zu viel essen, rauchen und trinken, Werbung, fundamentalistischen Religionen und Sexismus.

Nimmt man die Grundtatsachen des Lebens hinzu, die dem Buddha anfänglich zu schaffen machten, nämlich Krankheiten, Alter und Tod, dann hat man zwar bei weitem keinen vollständigen Katalog menschlicher Probleme, aber doch eine eindrucksvolle Liste menschlichen Leids.

Unter der Last dieser Verhältnisse brechen nicht wenige zusammen, werden depressiv oder zynisch. Andere reagieren aggressiv oder bekommen Panikanfälle. Manche »Problemlösungen« wie Alkohol, Drogen, Medikamente oder Fanatismus verschlimmern das Ganze noch.

Aber – wie Albert Ellis betont – man kann in dieser unvernünftigen Welt trotzdem vernünftig leben. Jeder hat die freie Wahl, so oder so zu denken, so oder so zu handeln. Gelassenheit und sogar Glück sind trotz dieser widrigen Umstände möglich.

Man machte das Schlimmste aus diesen Verhältnissen, wenn man sie dramatisiert (»Das ist furchtbar, schrecklich, ganz entsetzlich. Ich kann das nicht aushalten«), den Diktator spielt (»Das *muss* sich ändern. Ich werde nicht ruhen, bis ich alle gezwungen habe, sich so zu verhalten, wie ich mir das vorstelle«) oder sich und andere herabsetzt (»Menschen sind Schweine. Sie sind durch und durch schlecht«).

Man macht das Beste aus den Umständen, indem man vernünftig denkt und handelt. Dazu gehört anzuerkennen, dass nicht alles schlecht ist. Das Schlechte ist schlecht, aber nicht schlechter als schlecht. Man kann es aushalten.

Auch wenn man sich manchmal falsch verhält, ist man deshalb kein schlechter Mensch. Es besteht die Möglichkeit, den Schaden wiedergutzumachen und sich das nächste Mal bes-

ser zu verhalten. Ein schlechtes Gewissen kann man sich sparen. Was zählt, ist ein besseres Verhalten.
Akzeptanz ist der beste Weg zur Gelassenheit. Natürlich kann man einiges ändern, aber nicht alles. Die Welt wird im Wesentlichen so bleiben, wie sie ist. Da Gutes und Schlechtes nebeneinander existieren, hat man die Wahl und kann die eigenen Erlebnisse mitbestimmen.
Ellis meint, man könne die Verrücktheiten dieser Welt als Herausforderungen annehmen und versuchen, den Widrigkeiten zum Trotz ein glückliches Leben zu führen. Das Ganze sei dann eine Art Spiel mit dem Titel: »Wie kann ich in Sodom und Gomorrha glücklich werden?«

Der Stand der Dinge

1977 jubelte Ellis: »Die Rational-Emotive Therapie hat es zweifellos geschafft.« Wollte er damit sagen, dass stressfreies Denken und Handeln sich nun allgemein durchgesetzt habe? Nein, leider nicht, aber er hatte seine Methode in den USA etabliert. Zusammen mit der Kognitiven Verhaltenstherapie gehört sie heute zu den führenden Therapierichtungen in Nordamerika.
In Deutschland gibt es dagegen noch erheblichen Aufholbedarf. Viele der wichtigsten populären Bücher zur Rational-Emotiven und Kognitiven Verhaltenstherapie wurden bisher nicht ins Deutsche übersetzt, und das, obwohl diese Bücher in den USA mitunter mehrfache Millionenauflagen erreicht haben. Beispiel: David Burns, Feeling good, 1980. Eine Zeit lang gab es von diesem Buch eine – fast hätte ich gesagt:

grauenhafte – Übersetzung eines unbekannten Kleinverlags. Der Übersetzer glaubte, das Werk »überarbeiten« zu müssen. Dabei hat er die Aussagen Burns teilweise ins Gegenteil verkehrt. Daher musste man geradezu froh sein, dass es keine weite Verbreitung gefunden hat. Dazu trug sicherlich auch der hohe Preis bei. Die amerikanische Taschenbuchausgabe (706 Seiten, Auflage: über drei Millionen) kann man dagegen auch heute noch für ungefähr 8 € bekommen.
Mit wenigen Ausnahmen haben auch deutsche AutorInnen die neuen Verhaltenstherapien bisher nicht ausführlich und verständlich dargestellt. Im Literaturverzeichnis habe ich einige der besten Bücher auf diesem Gebiet zusammengestellt. Die Grundideen der Kognitiven und Rational-Emotiven Verhaltenstherapien sind zu wichtig, als dass sie ein Schattendasein in der Therapieecke fristen sollten. Nur ein kleiner Teil der Gesamtbevölkerung braucht eine Psychotherapie, und von den Betroffenen entschließt sich nur eine Minderheit zu einer Behandlung. Oft ist bei psychischem Leiden eine Therapie nicht erforderlich; denn – wie gesagt – das Leben ist keine Krankheit. Probleme und die damit verbundenen unangenehmen Gefühle gehören naturgemäß zum Leben dazu. Was angesichts der manchmal harten menschlichen Existenzbedingungen wirklich nötig ist, ist eine vernünftige Lebensphilosophie, die über schwierige Zeiten hinweghilft. Dazu eignen sich die Ideen der modernen Verhaltenstherapien sehr. Es wäre vollkommen verkehrt, sie nur so genannten »PatientInnen« oder »KlientInnen« zukommen zu lassen.
Die Grundfragen menschlichen Daseins haben sich nicht geändert. Sie sind heute die gleichen wie vor 2000 oder 3000 Jahren. Deshalb kann man auf das zurückgreifen, was sich über Jahrhunderte bewährt hat. Die neuen Verhaltenstherapien haben ihre Wurzeln in der Philosophie der Stoiker. Die

stoischen Gedanken haben denjenigen, die sie kannten und Gebrauch von ihnen machten, schon damals geholfen und sind auch heute dazu imstande. Wir wären einen entscheidenden Schritt weiter, wenn diese gelassene Art zu denken allgemein üblich wäre.

Die Lebensverhältnisse auf diesem Planeten sind schwer genug. Es macht keinen Sinn, sie durch unvernünftige Gedanken und Verhaltensweisen noch schwieriger zu machen. Unvernünftig sind alle Überlegungen, die die Dinge schlimmer machen, als sie sind, und die es erschweren, die Tatsachen - zumindest vorübergehend - zu akzeptieren. Einen großen Teil der menschlichen Erfahrungen wie Erdbeben, Überschwemmungen, Dürreperioden, Eiszeiten, Krankheiten und den Tod werden wir nie ändern können. Aber wir können dahin kommen, vernünftig und gelassen damit umzugehen. Wir könnten unseren Frieden schließen mit den unvermeidlichen Tatsachen des Lebens.

Von Menschen durch falsches Denken und Handeln selbst verursachte Probleme wie Kriege, Umweltverschmutzung und Hunger könnten beendet werden. Sie sind keine Naturkatastrophen. Andere Denk- und Verhaltensweisen können diese Probleme lösen.

Dafür gibt es Beispiele. Preußen-Deutschland gehörte bis 1945 zu den berüchtigtsten Kriegsnationen der Welt. Nach dem völligen Zusammenbruch dieses auf Krieg ausgerichteten Staats- und Gesellschaftssystems am Ende des Zweiten Weltkriegs haben die alliierten Siegermächte in Deutschland ein umfassendes Umerziehungsprogramm begonnen. Der den Alltag früher beherrschende militärische Ton und die soldatischen Umgangsformen im zivilen Leben wurden durch demokratische und relaxte Regeln des Zusammenlebens ersetzt.

Auch Schweden, ein Land, das noch im Mittelalter mit seinem Heer an vielen, manchmal Jahrzehnte dauernden Kriegen beteiligt war, genießt heute seit über 100 Jahren Frieden und hat sich zu einem neutralen Staat erklärt.
Dies sind beispielhafte Entwicklungen, die beweisen, dass Frieden möglich ist. Es mag schwer sein, sich heute z.B. Israel und die arabischen Staaten als befreundete, wirtschaftlich, politisch und kulturell zusammenarbeitende Nationen vorzustellen. Aber eines Tages kann es Wirklichkeit werden, wenn friedliches Denken und Verhalten dort nicht mehr die Ausnahme ist, sondern zur Regel wird.
Wir haben leider nur einen begrenzten Einfluss darauf, wie andere denken und sich verhalten. Jeder entscheidet für sich selbst, was er glauben und tun will, sofern er sich überhaupt darüber im Klaren ist, dass er diesbezüglich eine Wahl hat. Jeder hat auch die Folgen selbst zu tragen.
Epiktet hat großen Wert darauf gelegt, zu unterscheiden, was in der eigenen Macht steht und was nicht. Die Außenwelt kann man kaum kontrollieren, wohl aber die Innenwelt. Man weiß nie sicher, was als Nächstes passiert, aber man kann selbst entscheiden, wie man reagieren will.
Wir leben in einer dornigen Welt. Es wird niemals möglich sein, alle Dornen zu beseitigen. Aber wir können uns Sandalen anziehen. Die Menschen in der westlichen Welt trachten danach, die äußeren Geschehnisse unter Kontrolle zu bringen. Es ist zu einer fixen Idee geworden, den Körper, Krankheiten, das Leben und den Tod beherrschen zu wollen. Ebenso streben wir danach, die Natur um jeden Preis unter unsere Gewalt zu bringen. Mit anderen Worten: Wir wollen die Dornen beseitigen.
Die Menschen in der fernöstlichen Welt neigen dagegen dazu, sich – im übertragenen Sinn – Sandalen anzuziehen gegen

die Dornen auf dem Weg. Sie akzeptieren die Dinge eher so, wie sie sind. Sie sehen es nicht als ihre Aufgabe an, alles unter Kontrolle zu bringen. Da sie mehr Übung in Gelassenheit haben, verlieren sie nicht so schnell ihr inneres Gleichgewicht.
Deshalb lassen Sie uns näher betrachten, was gelassenes Denken in schwierigen Situationen bedeutet.

Situationen, in denen es besonders wichtig ist, die Gedanken zu entspannen

Gelassener Umgang mit anderen

Wie oft ärgern wir uns über andere. Wie oft sind wir von ihnen enttäuscht. Wir meinen, dass die anderen schuld sind an unserem Ärger und Frust. Dem ist aber nicht so. Wir haben es selbst in der Hand, wie wir auf die Meinungen und Taten anderer reagieren wollen. Leider vergessen wir die meiste Zeit, dass wir diese innere Freiheit besitzen. Es ist zu einer puren Gewohnheit geworden, verärgert und enttäuscht zu sein, wenn andere nicht so wollen, wie wir wollen. Vermutlich haben wir diese Reaktionen bereits bei unseren Eltern gelernt, die regelmäßig an die Decke gingen oder beleidigt waren, wenn wir uns anders verhalten haben, als es ihnen recht war. Mit welchen Gedanken bringen wir uns aus der Fassung?

- Das ist unglaublich, wie der sich verhält!
- So geht das nicht.
- Ich kann das nicht ertragen.
- Nein, nicht das schon wieder.
- Das *darf* der *nicht* tun. Das *darf* die *nicht* tun. Das *dürfen* die *nicht* tun. Das *darf* man einfach *nicht* sagen.
- Ich *will nicht*, dass er / sie sich so verhält.

Die Quintessenz daraus ist: Es passt uns nicht, was andere tun, sagen, denken, und weil es uns nicht passt, glauben wir, dass es auch nicht sein darf, obwohl uns die anderen gerade genau das Gegenteil beweisen.
Beruhigen Sie sich. Aber wie? Indem Sie anders darüber denken:

- Es gefällt mir nicht, was der macht, aber es geht auch so.
- Ich kann damit fertig werden, oft sogar leichter, als ich zunächst dachte.
- Die machen, was sie wollen. Ich auch!
- Wir sind einfach verschiedener Meinung. Na und?
- Es wäre mir anders lieber, aber ich kann auch damit umgehen.

Fritz Perls hat zu diesem Thema ein schönes Motto geprägt:

»Ich bin ich, und du bist du.
Ich bin nicht auf der Welt, um deine Erwartungen zu erfüllen,
und du bist nicht hier, um meine zu erfüllen.
Wenn wir übereinstimmen, ist es wunderbar.
Aber wenn nicht, dann ist da nichts zu machen.«

Wir sind von anderen erheblich unabhängiger, wenn wir uns selbst genügend lieben. Selbstliebe bedeutet, dass wir uns selbst das sagen und geben, was wir uns von anderen wünschen. Die Abmachung »Ich gebe dir, was du brauchst, und du gibst mir, was ich brauche« führt zu unnötigen Komplikationen. Auch die Vorstellung »Ich mache dich glücklich, und dafür machst du mich glücklich« ist oft der gerade Weg ins Unglück. Wenn jeder selbst für seine Bedürfnisse sorgt, muss keiner mit leeren Händen dastehen. Sich selbst zufrieden zu stellen, das ist weder narzisstisch noch egoistisch, sondern Ausdruck einer gelungenen Entwicklung. Nur Kinder müssen warten, bis die Erwachsenen ihre Bedürfnisse erkennen und erfüllen.

Selbstliebe erschwert das Zusammenleben nicht. Im Gegenteil, sie ist die Basis für ein angenehmes Miteinander. Menschen begegnen sich in diesem Fall nicht als BettlerInnen, sondern als KönigInnen. Wer selbst für die Erfüllung seiner Wünsche einsteht, ist wesentlich gelassener im Umgang mit anderen. Sollen diese doch tun, reden und denken, was sie wollen. Es berührt das eigene Glück nicht besonders.

Die anderen haben uns nur dann in der Hand, wenn wir unser Wohlbefinden von ihnen abhängig machen. Aber es ist unsere Entscheidung, ob wir so denken: »Ich kann nur zufrieden sein, wenn der andere dies oder jenes tut oder lässt«, oder so: »Ich würde es vorziehen, wenn er dies oder jenes täte bzw. ließe. Aber mein Glück, meine Zufriedenheit und meine innere Ruhe hängen nicht davon ab. Mein Leben kann ohne den anderen angenehm sein, wenn ich es will und dafür sorge.«

Diese beruhigenden Gedanken wirken übrigens nur, wenn Sie von ihnen überzeugt sind. Es sind keine Affirmationen, wie Sie es vielleicht vom Positiven Denken kennen.

Der Unterschied zum Positiven Denken besteht darin, dass Sie Ihre beunruhigenden Gedanken in Frage stellen und genau prüfen: »Stimmt es wirklich, was ich mir hier einrede, nämlich dass mein Glück vom anderen abhängt? Was spricht für meine Überlegungen, und was spricht dagegen? Helfen mir meine Gedanken, mich so zu fühlen, wie ich es möchte, und meine Ziele zu erreichen, oder mache ich mich damit nur nervös? Was müsste ich denken, um ruhiger und gelassener zu werden?«

Sie sollen sich nichts einreden. Sie sollen auch nicht nur die einen gegen die anderen Gedanken austauschen. Sie können aber, wenn Sie dies für richtig halten, einen neuen Standpunkt einnehmen, der Ihre Probleme löst. Sie entscheiden, was Sie denken wollen. Keiner kann Ihnen die Auswirkungen auf Ihre Gefühle und Handlungen abnehmen. Ihr Denken, Fühlen und Handeln liegt in Ihrer Verantwortung. Sie sind frei. Das ist das Wunderbare an dieser Philosophie. Sie stärkt Ihre Autonomie und gibt Ihnen die Chance, eine reife und erwachsene Persönlichkeit zu sein.

Im Übrigen ist gegen Positives Denken nichts einzuwenden. Autoren wie Norman Vincent Peale oder Joseph Murphy bieten optimistische Gedanken an, gewissermaßen Software-Pakete für den Geist, die man benutzen kann oder nicht. Beide waren amerikanische Pfarrer, die im Grunde genommen mit ihren Büchern Seelsorge geleistet und eigentlich die Tradition christlicher Erbauungsliteratur fortgesetzt haben. Man sollte beim Positiven Denken nur generell darauf achten, dass es mit den Tatsachen übereinstimmt und einem wirklich nützt.

Einige unserer Mitmenschen lieben Machtspiele. Sie wollen unbedingt die Oberhand bekommen, am Ladentresen, im Gespräch und sonstwo. Sie drängeln vor, schneiden einem das Wort ab, provozieren, raufen und rangeln. Bei solchen Zeitgenossen stellt sich immer wieder die Frage: Geht man darauf ein, oder spielt man sein eigenes Spiel? Die eigenen Ziele haben Vorrang. Man darf sich nicht beirren lassen durch Angebote, auf die Palme zu gehen, durch Versuche, einen in einen verbalen Schlagabtausch zu ziehen, oder durch Tritte gegen das Schienbein.

Das heißt nicht, dass man sich nun alles gefallen lassen müsste. Aber man sollte sich von niemandem vorschreiben lassen, ob, wie und wann man reagiert. Warum sollte man auf jede freche oder dumme (was oft auf dasselbe hinausläuft) Bemerkung sofort etwas erwidern? Weil unwahre Behauptungen *nicht* einfach so stehen bleiben *dürfen?* Dann hätte man ja viel zu tun, wollte man auf alles reagieren, was nicht stimmt. Man müsste sich dauernd streiten, ständig Leserbriefe schreiben, und man käme gar nicht mehr dazu, eigene Pläne zu verwirklichen.

Viel Gelassenheit könnte auch das Verhältnis zwischen Eltern und Kindern entkrampfen. Erwachsene tragen ihren Eltern manchmal noch Jahre, Jahrzehnte oder das ganze Leben lang Dinge nach, die sie in ihrer Kindheit falsch gemacht haben. Das mag alles so sein, aber so ungefähr mit 25 Jahren ist man erwachsen. Egal mit welchen Narben man das Elternhaus verlassen hat, nun ist man erwachsen und für sein Leben und seine Zukunft selbst verantwortlich. Was immer war, es ist vorbei. Man hat die Wahl, ob man sein Leben der Vergangenheit widmen oder ein neues, besseres beginnen will. »Life is an everyday invention« (man erfindet sein Leben jeden Tag neu), habe ich neulich in einem CD-Booklet der Jazzsängerin Cassandra Wilson gelesen. Das gefällt mir. Wir können die Vergangenheit hinter uns lassen und jeden Tag neu beginnen. Wenn uns dies bewusst ist und wir es wollen.

Die Sehnsucht nach Liebe und Anerkennung

Besonders Frauen glauben, dass sie geliebt werden *müssen.* Deshalb bemühen sie sich oft so angestrengt darum, von allen beachtet zu werden.

Keine Angst, Männer haben auch ihr Thema. Sie glauben, *unbedingt* etwas leisten und erfolgreich sein zu *müssen*. Dazu kommen wir noch.

Nur Kinder sind darauf angewiesen, geliebt zu werden. Sie sind nicht in der Lage, selbst für ihr Wohlergehen zu sorgen. Verläuft ihre Entwicklung reibungslos, verinnerlichen sie mit der Zeit die fürsorglich liebende Haltung der Erwachsenen und erfüllen sich ihre Wünsche und Bedürfnisse selbst. Es gehört zu den größten Freuden von Kindern, etwas alleine zu können und selbstständig zu werden. Autonomie und Freiheit sind natürliche Ziele. In unserer Gesellschaft werden leider insbesondere Mädchen immer noch sehr oft so erzogen, dass sie ihre Autonomie dem Gefallen der Erwachsenen und später besonders dem der Männer opfern. Warum eigentlich? Wem nützt das? Es nützt weder den Frauen noch den Männern, weil das ständige Streben nach Liebe und Anerkennung viele Konflikte provoziert, die sonst unterblieben. Die meisten Männer und Frauen haben sich schon so sehr an die »typisch« weiblichen und männlichen Denk-, Gefühls- und Verhaltensmuster gewöhnt, dass sie glauben, sie seien genetisch bedingt. Der Glaube, es sei vererbt, ist auf den ersten Blick ungemein entlastend; denn dann ist man dafür nicht verantwortlich. Die Kehrseite liegt aber darin, dass diese Überzeugung veränderbares Denken, Fühlen und Verhalten auf ewig festschreibt und die dazugehörigen Probleme gleich mit.

Vielleicht gibt es auch genetische Anteile am menschlichen Verhalten. Aber bevor nicht zweifelsfrei feststeht, welche dies sind, sollte man vorsichtig mit voreiligen Schlüssen sein. In der Vergangenheit mussten viele Erkenntnisse revidiert werden, nachdem sie durch Gegenbeweise unhaltbar geworden waren.

Nicht alle Frauen denken, fühlen und verhalten sich gleich, ebensowenig die Männer. Diese Tatsache macht mich misstrauisch gegenüber allen Theorien, die Gene, Archetypen, Sternbilder oder Ähnliches für die Ursache individueller Entscheidungen halten. Anhänger der genetischen Erklärungsmodelle beginnen dann verwirrende Debatten darüber, dass bestimmte Frauen sich »eigentlich unweiblich« oder gar »männlich« verhalten. Und einigen Männern wird vorgeworfen, »unmännlich« oder »wie eine Frau« aufzutreten. Aber um mit Herbert Grönemeyer zu fragen: »Wann ist ein Mann ein Mann?« Und wann ist eine Frau eine Frau?
Die Frauenemanzipation hat erst im 20. Jahrhundert und vornehmlich auch nur in Nordamerika und Europa Fortschritte gemacht. Vorher wurden Frauen von Männern gegen Vieh oder andere Besitztümer gehandelt. Ihr Status war nicht besser als der von Sklaven. Entgegen anderslautenden Behauptungen ist die Gleichberechtigung der Frauen noch nicht durchgesetzt, nicht in Deutschland und schon gar nicht weltweit. Wo ist denn die Vorsitzende der Arbeitgeberinnenverbände? Wie viele Bundeskanzlerinnen können Sie aufzählen? Wie viele Managerinnen stehen an der Spitze der großen Konzerne? Ich könnte diese Fragen mühelos fortsetzen. Überall, wo es um Macht und Einfluss in Politik, Wirtschaft und Kultur geht, sind Frauen bisher in einer deutlichen Minderheit, also von der Parität, die ihnen nach dem Geschlechterverhältnis zusteht, weit entfernt. Aber nach 100 Jahren Frauenemanzipation ist auch nicht mehr zu erwarten. Fortschritte brauchen viel Zeit. In dem Maße, wie die Rollen von Frauen und Männern neu geschrieben werden, werden sich auch die Erkenntnisse über die genetischen Ursprünge weiblichen und männlichen Verhaltens noch stark verändern.

Also, egal ob Sie eine Frau oder ein Mann sind, machen Sie sich klar, dass Sie nicht geliebt oder anerkannt werden *müssen*. Es ist ganz nett, wenn andere einen respektieren und mögen, aber wir können auch darauf verzichten.
Trauen Sie sich, Sie selbst zu sein, und vertrauen Sie darauf, dass von den 6 Milliarden Menschen auf der Erde ein paar Sie so, wie Sie sind, mögen und anerkennen. Laufen Sie nicht jedem / jeder hinterher. Ringen Sie nicht um die Liebe und Anerkennung von Menschen, die Ihnen keine geben wollen oder können. Es ist unmöglich, es allen recht zu machen.

Trennung und Scheidung

»Don't go breaking my heart« (Brich mir nicht das Herz) tönt es aus dem Radio. Als ob dies möglich wäre. Ich sagte bereits, dass gelassenes Denken bedeutet, gegen den Strom zu schwimmen. Immer und immer wieder will man uns einreden, dass bestimmte Ereignisse, wie etwa Trennungen oder Scheidungen, *unweigerlich* schlimme Folgen haben *müssen*.
Was eine Scheidung emotional zur Folge hat, bestimmt in erster Linie jeder selbst. Natürlich bringt eine Trennung viele Umstellungen mit sich. Der andere / die andere ist nicht mehr da (das kann angenehm oder unangenehm sein, je nachdem ob man noch gerne zusammengeblieben wäre oder nicht). Vielleicht braucht man eine neue Wohnung. Die Kinder sind ebenfalls nicht mehr da oder müssen jetzt allein oder mit einem neuen Partner / einer neuen Partnerin erzogen werden. Möglicherweise ist nun weniger Geld vorhanden, die spätere Rente ist geschmälert. Das kann alles passieren. Verglichen

mit einer guten Beziehung ist es ein Minus. Aber verglichen mit einem Leben voller Lügen und Betrug, Streitereien, Beleidigungen, Desinteresse und Aneinander-vorbei-leben ist die Trennung ein Plus. Mit anderen Worten: Es gibt Schlimmeres als eine Trennung.

Jede Trennung bietet die Chance für einen Neuanfang, entweder allein oder mit einem neuen Partner / einer neuen Partnerin.

Was die Scheidung für einen bedeutet, das hängt davon ab, wie man darüber denkt. Ärgerliche, ängstliche und deprimierende Gedanken bringen einen aus der Fassung:

- Wie konnte er / sie mir das antun?
- Was soll jetzt aus mir werden? (Von nun an geht's bergab.)
- Dieses Scheusal! Diese Schlampe!
- Es ist alles ganz schrecklich (furchtbar, unerträglich)!
- Jetzt ist alles vorbei!
- Ich habe Jahre meines Lebens verloren. Alles war schlecht.
- Ich fühle mich so mies. Ich werde nie wieder glücklich sein.
- Ihm / ihr geht es jetzt gut, und ich muss leiden.

Gelassene, optimistische Gedanken erleichtern einem dagegen die Übergangszeit und den Neuanfang:

- Ich habe schon einiges überstanden. Warum sollte ich damit nicht fertig werden?
- Es ist, wie es ist.
- Es ist schlimm. Aber nicht schlimmer als schlimm.
- Vielleicht wäre es anders besser, aber das denke ich nur,

vielleicht wäre es anders noch schlechter. Jedenfalls geht es auch so.

- Wie soll mein Leben in Zukunft aussehen? Wie kann ich es verbessern?
- Was habe ich gelernt?
- Ein Glück, dass das vorbei ist. Jetzt blicke ich nach vorn.
- Es war nicht alles gut, und es war nicht alles schlecht. Ich werde das Gute wiederholen und aus dem Schlechten lernen.
- Ich bestimme selbst, was ich denke, fühle, tue, und wie es mir geht, und kein anderer.

Das ist eine kleine Auswahl hilfreicher Gedanken. Normalerweise konkurrieren die beunruhigenden mit den beruhigenden Gedanken. Deshalb wechseln die Gefühle. Mal fühlt man sich besser und mal schlechter, je nachdem, was man sich gerade durch den Kopf gehen lässt.

Da mit der Trennung ein Abschnitt des Lebens zu Ende gegangen ist, ist es wichtig, sich neue Ziele zu setzen. Im Kapitel »Das Leben genießen« finden Sie mehr dazu.

Ich behaupte nicht, dass es leicht ist, während und nach einer Scheidung gelassen zu bleiben. Ich will aber auch nicht die Auffassung unterstützen, dass eine Trennung furchtbar, schrecklich und unerträglich sein *muss*. Eine Scheidung verlangt eine Antwort auf die Frage: Wie will ich damit umgehen? Gelassenheit ist eine Möglichkeit.

Gelassen über den Tod denken

Manche Menschen erschrecken allein schon bei dem Gedanken an den Tod. Dabei wäre es so wichtig, gelassen auf ihn zu reagieren; denn er ist ein alltägliches Ereignis.

Jeden Tag sterben weltweit 200 000 bis 300 000 Menschen durch Unfälle, Kriege, Krankheiten oder einfach weil ihre Lebensenergie verbraucht ist. Menschen werden geboren und sterben. Das ist so natürlich wie der Wechsel der Jahreszeiten. Niemand hat einen Anspruch darauf, eine bestimmte Dauer zu leben. Das Leben kann bereits nach Minuten, Tagen oder ein paar Jahren wieder zu Ende sein. Die durchschnittliche Lebenserwartung in Deutschland lag 1998 bei 77 Jahren. Aber auch diese Statistik begründet keinen Anspruch auf ein langes Leben.

Obwohl der Tod selbstverständlich zum Leben dazugehört, ist die Akzeptanz dieser Tatsache sehr gering. Viele zeigen sich überrascht oder sogar schockiert, wenn Menschen sterben, die sie kennen. Nur wenige sind damit einverstanden, dass ihre Angehörigen und FreundInnen und sie selbst auch diese Erde zu einem unbestimmten Zeitpunkt wieder verlassen müssen.

Die meisten denken: »Das *darf nicht* sein.« Häufig werden Schuldige gesucht, wenn jemand stirbt. Der Arzt hätte verhindern *müssen*, dass der Tod eintritt (denn eigentlich stirbt ja niemand). Menschen, Sachen und Ereignisse werden angeklagt, für den Tod einer Person verantwortlich zu sein. Man sucht Gründe, will den Tod und seine Ursache verstehen, als ob dies etwas daran ändern würde, dass der Tote tot ist.

Auf diese Weise täuscht man sich darüber hinweg, dass der Tod eigentlich sprachlos macht. Was soll man dazu sagen?

Jeder weiß es. Der Tod existiert. Die Toten sind unwiderruflich tot. Das Leben der Übrigen geht weiter.
Vielleicht scheint der Tod so wenig akzeptabel, weil er allen, die an die absolute Machbarkeit von allem und jedem glauben, ihre absolute Machtlosigkeit in allen wesentlichen Fragen des Seins demonstriert. Die illusionäre Vorstellung, die Außenwelt nach den eigenen Phantasien bis ins Letzte gestalten zu können, bricht ungefragt und schonungslos zusammen. Der Tod holt alle auf den Boden der Tatsachen zurück, so lange bis die Verdrängung wieder gelingt.
Vielleicht wird jetzt die Äußerung Epiktets verständlicher, man solle sich nicht so sehr um die Dinge kümmern, über die man keine Macht hat, wie Körper, Vermögen, Ansehen und Ämter, dafür umso mehr um die Gedanken über die äußeren Ereignisse; denn nicht die Dinge selbst, sondern ihre Gedanken über die Dinge beunruhigten die Menschen. So sei der Tod an und für sich nichts Schreckliches. Erst die Meinung, der Tod sei erschreckend, bewirke den Schrecken.
Epiktet begründete seine Ansicht über den Tod damit, dass Sokrates ruhig und gefasst gestorben sei. Sokrates hatte sich bei den Bürgern Athens unbeliebt gemacht und war schließlich einer Kampagne gegen ihn zum Opfer gefallen. Mit einigen aus der Luft gegriffenen Anklagen machten die Athener ihm den Prozess. Nach mehrmaligen Abstimmungen verurteilte eine Jury ihn zum Tode. Sokrates beschränkte sich in dem Verfahren darauf, seine Kritiker zu widerlegen, entzog sich dem Urteil jedoch nicht durch eine Flucht, die ihm möglich gewesen wäre. Er trank (zum Entsetzen seiner Freunde) in aller Gelassenheit den Giftbecher. Das war für Epiktet der Beweis, dass es auch anders geht.
Nachdem Sie bis hierher gelesen haben und inzwischen sowohl die Muster der Ruhe- wie der Stressgedanken kennen,

traue ich Ihnen zu, selbst beruhigende Gedanken über den Tod zu finden. Sie können sich dabei an den folgenden Schritten orientieren:

- Was denken Sie über den Tod? Schreiben Sie Ihre Gedanken am besten auf.
- Beunruhigen oder beruhigen Ihre Gedanken Sie? Welche Gedanken machen Ihnen besonders zu schaffen?
- Falls Sie mehr Trauer, Angst oder Wut empfinden, als Ihnen lieb ist, überprüfen Sie jeden einzelnen Ihrer Gedanken, indem Sie die folgenden Fragen beantworten:
- Stimmt diese Überlegung mit den Tatsachen überein?
- Was spricht für meinen Gedanken? Was spricht dagegen?
- Welche Beweise gibt es dafür? Welche dagegen?
- Helfen mir meine Gedanken, mich ruhig und gelassen zu fühlen?
- Unterstützen sie mich darin, mein Leben zu genießen?
- Was müsste ich denken, damit ich angesichts der Tatsache des Todes ruhig und gelassen bleibe?

Achten Sie bei der sorgfältigen Betrachtung Ihrer Gedanken vor allem auf Folgendes:

- Enthalten Ihre Überlegungen ausdrücklich oder unausgesprochen Worte wie »schrecklich«, »furchtbar«, »entsetzlich«, »grauenhaft«? Ersetzen Sie diese Ausdrücke durch sachlichere Begriffe wie »ärgerlich«, »traurig«, »enttäuschend«, »verunsichernd«, »unangenehm«.
- Steckt hinter Ihren Überlegungen die Befürchtung: »Ich kann die Tatsache, dass Menschen sterben, nicht ertragen«? Wenn ja, überzeugen Sie sich davon, dass Sie es doch können. Denken Sie dabei an andere Dinge, die Sie

nicht mögen, aber trotzdem aushalten. Es geht um das Bewusstsein, dass Sie mit schwierigen Situationen umgehen können.

- Vergessen Sie nicht, dass auch alle anderen Menschen mit der Tatsache der Sterblichkeit konfrontiert sind. Welche Überlegungen haben anderen geholfen, sich mit dem Tod auszusöhnen? Sie könnten entsprechende Bücher zu diesem Thema lesen und sich neue hilfreiche Gedanken zu eigen machen.
- Finden Sie Menschen, die mit der Tatsache des Todes ruhig und gelassen umgehen können. FreundInnen oder NachbarInnen, aber auch PfarrerInnen, SeelsorgerInnen, PsychotherapeutInnen und PhilosophInnen kommen dafür in Frage. Sie können Ihnen helfen, Trost und eine neue Einstellung zum Tod zu finden.

Innere Ruhe finden bei Krankheit und körperlichen Schmerzen

Nicht selten bekommt man zwei Probleme zum Preis von einem. Man erkrankt, hat Schmerzen, und dann zieht man sich auch noch Depressionen, Ängste und Ärger über die Krankheit und die Schmerzen zu.

Es geht aber auch anders. Was man nicht ändern kann, sollte man akzeptieren und sich dann anderen Dingen zuwenden. Krankheiten kommen und gehen wieder. Bei chronischen Erkrankungen schwankt üblicherweise der Grad der Beeinträchtigungen.

Auch hier geht es darum, nicht zu dramatisieren, sondern

zunächst nüchtern die Tatsachen zu bejahen. Man hat dann wie immer die Wahl, das Schlimmste oder das Beste daraus zu machen.

Falls Ihnen das sehr simpel vorkommt, haben Sie recht. Es ist einfach. Und es funktioniert – wenn man sich an diese Leitlinien hält. Leider sind diejenigen, die diese Ratschläge *zu* einfach finden, auch die, die sie nicht anwenden. Dass etwas kompliziert, bitter oder anstrengend sein *muss* und *nicht* einfach sein *darf*, ist auch nur ein Gedanke, der es jedoch wert wäre, überprüft und an den Tatsachen und Folgen gemessen zu werden.

Im Übrigen ist die kognitive Umstrukturierung – das bedeutet: Stressgedanken durch entspannte Überlegungen ersetzen – nicht ganz so einfach, wie es dem einen oder der anderen im Moment erscheinen mag. Es ist leichter gesagt als getan. Aber das merkt man erst, wenn man es in Krisensituationen selbst ausprobiert.

Beim reinen Lesen bekommen Sie alles vorgekaut. Erst wenn Sie sich die Mühe machen, über das Gelesene nachzudenken und es in Ihre eigene Sprache zu übersetzen, stellen Sie fest, dass es mehr Übung braucht, als Ihnen und den meisten anderen lieb ist. Aber es lohnt sich. Beruhigungstabletten oder die Hoffnung auf den Nürnberger Trichter sind keine echte Alternative.

Bessere, das heißt in diesem Fall: beruhigende oder erfreuliche Gedanken zu finden und – das ist besonders wichtig – sie in den entscheidenden Situationen parat zu haben, ist am Anfang nicht so einfach. Die alten Denkgewohnheiten setzen sich schneller durch, als einem lieb ist. Nur mit Entschlossenheit und viel Übung schafft man es schließlich.

Gelassen alt werden

Manche Menschen mögen gar nicht alt werden, weil sie damit Krankheit und Pflegebedürftigkeit, Alzheimer und Parkinson verbinden. Andere möchten gern »junge« Alte sein, also trotz vieler Lebensjahre jugendlich fit, leistungsfähig und ohne Falten.

Das Blatt hat sich gewendet. Während früher junge Menschen bedauerten, nicht alt zu sein, weil Jungsein den Ausschluss aus allen Machtpositionen bedeutete und mit unreif und unerfahren gleichgesetzt wurde, sind die Alten jetzt in die Defensive geraten. Sie gelten als senil und trottelig.

Ständig ist von den Lasten die Rede, die der »Generationenvertrag« den jungen Leute aufbürde. Sie müssten über Gebühr für die Renten der Alten aufkommen. Dass die Alten – auch die Kinderlosen – mit ihren Steuern und Beiträgen Kindergärten, Schulen, Universitäten, die Krankenversorgung und Pflege der Kinder und Jugendlichen bezahlt haben, wird allgemein übersehen. Nicht nur Ältere brauchen ärztliche Unterstützung, Pflege und Betreuung. Auch die »lieben Kleinen« sind zu Beginn ihres Lebens oft krank, wirken »gebrechlich« im Sinn von »körperlich und geistig hilfsbedürftig«. Leiden ist kein »Privileg« der Älteren. Und wer zahlt das Geld für die Suchttherapien, Gefängnisaufenthalte und die Sonderförderung der Jugendlichen?

Ich will hier Kindheit und Jugend nicht in düsteren Farben malen, aber doch einiges geraderücken. Das bedürftigste Alter eines Menschen ist seine Zeit als Säugling und Kleinkind. In diesem Lebensabschnitt braucht jeder Mensch Pflege und intensive Betreuung. Dagegen benötigen nur wenige alte

Menschen Hilfe, niemals alle. Die meisten sterben, ohne pflegebedürftig geworden zu sein.

Nicht ohne Grund wird heute von einem Jugendwahn gesprochen. Das war – wie gesagt – nicht immer so. Noch vor wenigen Jahrzehnten mussten besonnenere Ältere für die Jüngeren ein Wort einlegen: »Sooo schlimm sind sie nun auch wieder nicht.«

Erst hat man die Defizite der Kinder und Jugendlichen übertrieben. Und nun spielt man bestimmte Erscheinungen des Alterungsprozesses hoch. Das Objekt wurde ausgetauscht, geblieben ist die Übertreibung. Deshalb ist es so wichtig, sachlich zu bleiben. Vorurteile verursachen Stress.

Betrachtet man allein die Fakten, besteht kein Grund, das Älterwerden zu fürchten. Die meisten Alten sind bei ordentlicher Gesundheit, sorgen für sich selbst und passen sich neuen Umständen an.

Wie man das Älterwerden erlebt, das hängt von den Gedanken ab. Sieht man nur die negativen Seiten des Alterns, ist es zwangsläufig mit Ängsten, Neid (auf die Jugend) oder Depressionen verbunden. Bewertet man altersbedingte Veränderungen negativ, macht man sich unglücklich. Denkt man mit Sorge an den Tod, verstärkt man den Stress noch.

Man kann jedoch auch gelassen alt werden, wenn man entspannt darüber denkt. Je weniger man sich gegen das Unvermeidliche wehrt und je mehr man das Älterwerden bejaht und genießt, desto unbefangener kann man es geschehen lassen.

Falls sie ein vorwiegend negatives Bild des Alterns haben, könnte es Ihnen helfen, mit alten Menschen Kontakt aufzunehmen, und zwar mit vielen verschiedenen alten Menschen. Jeder Mensch altert anders. Aber passen Sie auf: Ihr negatives Vorurteil könnte dabei zu Bruch gehen.

Oder Sie könnten das eine oder andere Buch über Gerontologie, die Wissenschaft vom Altern, lesen. In den neueren Büchern zu diesem Thema finden Sie ein differenziertes, wirklichkeitsnahes Bild vom Älterwerden.

Die Sehnsucht nach Leistung und Erfolg

Im Abschnitt »Die Sehnsucht nach Liebe und Anerkennung« sagte ich, dass vor allem Frauen glauben, geliebt werden zu müssen. Aber auch Männer haben ihr Thema, nämlich die Sehnsucht nach Leistung und Erfolg. Die meisten Männer glauben, *unbedingt* etwas leisten und Erfolg haben zu *müssen*. Sie meinen, es sei eine *Katastrophe*, erfolglos zu sein und nichts zu leisten. Ihr Ansehen verbinden sie mit ihrer Leistungsfähigkeit. Männer neigen dazu, ihren Wert davon abhängig zu machen, ob sie es zu etwas bringen. Gelingt ihnen dies nicht, halten sie sich für Versager. Genauso denken sie über andere Männer. Frauen nehmen sie auf dem Gebiet der Siege, Rekorde und Meisterschaften im Allgemeinen nicht wahr.

Diese Denkweise hat ernste Konsequenzen. Viele Männer, die ihr Leistungsdenken so maßlos übertreiben und Erfolglosigkeit so stark dramatisieren, sind unter Umständen bereit, um jeden Preis etwas zustande zu bringen. Sie setzen dann sogar ihre Gesundheit und ihr Leben aufs Spiel, übertreten Gesetze, missachten erst recht die Moral – und glauben in ihrem Wahn auch noch, ganze Kerle zu sein. Wer davon überzeugt ist, dass etwas *unbedingt* sein *muss*, ist immer in Gefahr, auch Gewalt als Mittel zur Durchsetzung seiner Pläne einzusetzen.

Die Folgen eines solchen aggressiven Denkens kann man in vielen Bereichen beobachten.
Fußball gilt bei vielen Männern in Deutschland als Kampfsport. Von Fußball»spiel« kann keine Rede mehr sein; denn spielen bedeutet, frei zu sein. Setzt man sich aber unter den Druck, unbedingt gewinnen zu *müssen*, wird aus Spiel ein ernster Kampf. Die »Spieler« springen mit Anlauf in die Beine des Gegners, rammen ihnen ihren Ellbogen ins Gesicht, spucken sie an und beleidigen sie. Dabei nehmen sie Verletzungen des anderen in Kauf; denn es geht ja um ALLES.
»Der Krieg ist die Fortsetzung der Politik mit anderen Mitteln«, meinte der preußische General von Clausewitz. Er hätte auch sagen können: »Krieg ist die Fortsetzung der Politik mit Gewalt.« Immer wenn ein Politiker meint, seine politischen Ziele durchsetzen zu *müssen*, kommen für ihn auch Drohung, Einschüchterung und Gewalt in Frage. Diktatoren sind fast ausnahmslos Männer.
Nun könnte man wieder die Diskussion um Gene und Hormone beginnen. Dabei aber wird übersehen, dass auch Frauen aggressiv und gewalttätig sein können. Denken Sie nur an die Terroristinnen, die es in Deutschland in den 70er Jahren gegeben hat. Aber das sind Ausnahmen. Frauen setzen sich mit ihrem Denken typischerweise nicht so unter Druck wie Männer. Sie durchdenken eher verschiedene Möglichkeiten und bevorzugen gewaltfreie Lösungen. Sie verhandeln häufiger und gehen Kompromisse ein. Über Verhandlungen und Kompromisse denkt ein Teil der Männer abfällig. Sie kennen oft nichts anderes als ein dramatisches Entweder-oder.
Die Sucht nach Leistung und Erfolg zeigt sich auch in der Zwanghaftigkeit, alles Mögliche zu zählen. Männer erfassen ihre Erfolge und Leistungen gern in Statistiken. Sie zählen die »eroberten« Frauen, die mit dem Auto zurückgelegten

Kilometer, die geschossenen Tore, die erlegten Hirsche. Sie prahlen gern mit ihrem täglichen und wöchentlichen Arbeitspensum, das sie in Stunden anzugeben pflegen (»16-Stunden-Tag«, »60-Stunden-Woche«). Auch »Verhandlungsmarathons« werden gern in möglichst vielen Stunden oder gar Tagen angegeben. Männer zählen ihre Produktion, ihre Umsätze, ihre Gewinne, ihre Autos, Häuser, Uhren und Wohnungen. Alles kann ihnen zum Streben nach Leistung geraten: die Biere, die sie trinken, die Portionen, die sie verspeisen, die Kilos, die sie auf die Waage bringen, das XXL-T-Shirt, die Gewichte, die sie stemmen können, und so weiter. Falls sie es im bürgerlichen Leben nicht schaffen, wollen es einige Männer wenigstens als Kriminelle zu etwas bringen und durch die Zahl von Verbrechen und erpressten Millionen beeindrucken.

»Donnerwetter!«, sagen die Boulevardblätter. Nicht offen, aber die Meldungen über spektakuläre Verbrechen haben oft einen ambivalenten, bewundernden Unterton. Leistung wird in jedem Fall respektiert.

Ist Ihnen schon einmal aufgefallen, dass die viel beklagte *Jugend*kriminalität eine *Jungen*kriminalität ist? Führen die äußeren Umstände wie Armut und Arbeitslosigkeit dazu, dass junge Männer Straftaten begehen? Aber was ist dann mit den jungen Frauen? Auch sie sind von Arbeitslosigkeit und Armut betroffen. Trotzdem begehen sie keine vergleichbaren Straftaten, weder der Art noch der Menge nach. Dass sie dies tun könnten, habe ich oben schon erwähnt (siehe Terroristinnen).

Nein, es ist etwas anderes. Junge Männer, die sonst nichts leisten und keine Erfolge vorzuweisen haben, glauben allzu oft, dass sie dann wenigstens »Scheiße bauen« müssen. Ihr auf »negative« Leistungen gerichtetes Erfolgsstreben macht sogar Sinn, weil es in unserer an »männlichen« Werten orientierten Gesellschaft auf Quantität und nicht auf Qualität ankommt. Quantität wird beinahe automatisch mit Qualität gleichgesetzt. Der Film hat soundso viel gekostet, also muss er gut sein. Der Unternehmer X scheffelt Millionen, also muss man ihm das Bundesverdienstkreuz verleihen.

Qualität ist nicht messbar. Also kommt sie als Leistungsmaßstab nicht in Frage. Ob man glücklich oder innerlich ausgeglichen ist, das kann nur jeder selbst spüren. Andere können es nicht messen. Also scheiden Glück und Gelassenheit als Ziele und Erfolg im Leben für viele Männer von vornherein aus. Was hat man davon, wenn man es anderen (Männern) nicht zeigen kann und nicht beweisen kann, dass man »es« geschafft hat?

Das ist einer der Gründe, warum Gefühle meistens Frauensache sind. Aber auch andere Qualitäten wie Schönheit, Wahrheit und Geduld zählen für viele Männer nicht.

Schauen wir uns einige der Gedanken, die den Leistungs- und Erfolgsstress auslösen, einmal näher an:

- Ich *muss* meine Ziele erreichen.
- Wer nichts leistet, ist ein Versager.
- Ein Misserfolg wäre furchtbar (schrecklich, eine Katastrophe).
- Erfolglose Menschen taugen nichts.
- Wer nicht arbeitet, soll auch nicht essen.
- Ich kann Niederlagen nicht ertragen.
- Ich kann schlechte Leistungen nicht ausstehen.
- Ich muss besser sein als die anderen.

Es gibt eine große Zahl von Stressgedanken. Sie können sie täglich hören und lesen. Sie stellen das Glaubensbekenntnis der von Männern beherrschten Politik und Wirtschaft dar. Das maßlose Leistungsdenken ist auch der Kern der täglich neu verkündeten Wachstumsideologie.

- Wir müssen unbedingt immer mehr produzieren und konsumieren.
- Die Wirtschaft muss wachsen.
- Ohne Wachstum kein Wohlstand.
- Wir brauchen unbedingt innovative Erfindungen, damit die Wirtschaft wachsen kann.
- Die Löhne, Preise, Umsätze stagnieren. (Das ist furchtbar!)
- Null-Wachstum. (Katastrophe!)
- Der Gewinn des Vorjahres ist um 50 % eingebrochen, von 200 auf 100 Millionen. (Ich kann das nicht aushalten.)
- Ich muss jedes Jahr kräftig zulegen.

Muss man das kommentieren? Ich glaube nicht. Wenden wir uns lieber dem gelassenen Denken über Erfolg und Leistung zu:

- Ich habe Ziele. Falls ich sie nicht erreiche, kann ich das ertragen.
- Jeder leistet etwas. Selbst wenn andere Menschen meinen übertriebenen Ansprüchen nicht gerecht werden, so sind sie deshalb keine Versager.
- Misserfolge gehören zum Leben dazu. Menschen sind unvollkommen. Sie machen Fehler.
- Der Wert eines Menschen hängt nicht von seinen Leistungen ab.
- Es ist genug da. Wir haben fast alle Waren im Überfluss.
- Es kann sein, dass ich Niederlagen und schlechte Leistun-

gen nicht mag. Aber ich muss sie nicht lieben, um sie aushalten zu können.
- Wo steht geschrieben, dass ich besser sein muss als andere?

Und hier ein paar entspannte Gedanken zur Wirtschaftsphilosophie:

- Überproduktion und maßloser Konsum schaden mehr, als dass sie nützen.
- Es hat immer Zeiten ohne Wachstum gegeben. Es ist nicht weiter schlimm.
- Wohlstand ist auch eine Frage der gerechten Verteilung.
- Wir brauchen weder ständig neue Erfindungen noch grenzenloses Wachstum.
- Löhne, Preise und Umsätze steigen und sinken. Das war schon immer so.
- Es geht auch ohne ständig steigende Gewinne.

Sowohl die hier aufgeführten Stress- als auch die Entspannungsgedanken stellen lediglich Beispiele dar. Tatsächlich gibt es unzählige Varianten und Möglichkeiten, sich mit seinem Denken Stress zu machen oder sich zu entspannen. Typisch ist jedoch, dass Stressgedanken um unbedingtes Müssen, Nicht-aushalten-können und dramatische, manchmal hysterische Übertreibungen kreisen. Entspanntes Denken dagegen hat mit Toleranz, Akzeptieren und Bejahen zu tun.
Wir haben die Wahl, ob wir uns mit maßlosem Leistungsdenken die Ruhe und den Schlaf rauben oder mit vernünftigen Überlegungen im Gleichgewicht bleiben oder wenigstens dahin zurückkehren wollen.

Hysterische Menschen gibt es überall. Panikmacher verdienen gar nicht schlecht. Pessimisten malen die Gegenwart und Zukunft in schwärzesten Farben. Niemand ist verpflichtet, sich ihnen anzuschließen.

Die Gedanken wahrnehmen

Die Entspannung der Gedanken beginnt damit, dass Sie darauf achten, was Ihnen durch den Kopf geht. Den meisten Menschen geht immer irgendetwas durch den Kopf. Sie hören ihre eigene Stimme, oder sie sprechen in Gedanken mit einer anderen Person, vielleicht auch mit mehreren. Es kann sich auch um Phantasien handeln, Bilder, Vorstellungen, innere Filme. Man beobachtet Szenen, die vor dem inneren Auge ablaufen, manchmal sieht man sich dabei von außen. Die Filme können surreal sein, wie in einem Traum, oder auch ganz realistisch.

Menschen haben im Prinzip nur zwei Möglichkeiten, entweder sie richten ihre Sinne auf die Außenwelt oder auf ihre Innenwelt. Die Gedanken zerfallen auch wieder in zwei Kategorien, in Erinnerungen und Zukunftsphantasien. Genau genommen handelt es sich bei den Zukunftsphantasien auch um Erinnerungen, die wir neu zusammensetzen. Wir arbeiten mit dem Material, das wir gespeichert haben.

Häufig kommentieren wir, was wir gerade sehen oder hören, fühlen, riechen oder schmecken. Oft bewerten wir auch unsere Selbstgespräche und inneren Filme. Wir kommentieren und bewerten alles, indem wir es in drei Gruppen einteilen: angenehm, unangenehm, neutral.

Sie sehen, es ist eine ganze Menge los in unserem Kopf. Die

meiste Zeit wechseln wir hin und her, von der Wahrnehmung eines Geräusches zu einer Erinnerung, von dort zu einer weiteren Erinnerung, danach zu einer kurzen Zukunftsphantasie, dann nehmen wir wieder etwas in der Außenwelt wahr, und so weiter. Das gesamte geistige Geschehen ist ein Spiel der Verbindungen zwischen Innen- und Außenwelt.

Nur ein Bruchteil unserer inneren und äußeren Wahrnehmungen wird uns überhaupt bewusst. Wir filtern das heraus, was wir für wesentlich halten, und wir navigieren uns so durch die Welt und durch das Leben.

Überwiegend schalten wir auf Autopilot. Ganze Sequenzen unseres Verhaltensrepertoires laufen automatisch ab. Dazu gehören Dinge wie das An- und Ausschalten von Lampen, das Öffnen des Kühlschranks, Zähne putzen und Schuhe anziehen. Solche Bewegungen führen wir häufig aus, ohne dass sie uns bewusst sind. Während wir uns die Schuhe zubinden, unterhalten wir uns oder sind in Gedanken schon auf dem Weg.

Wir können jedoch, wann immer wir es wollen, unsere Aufmerksamkeit gezielt auf etwas Bestimmtes ausrichten. So können wir sie jederzeit auf unsere Gedanken richten. Dies kostet weder viel Zeit noch Energie. Es ist ein einfacher Akt der Bewusstheit.

Sie brauchen sich nicht vorzunehmen, Ihre Gedanken bewusst zu entspannen. Es reicht vollkommen aus, zu bemerken, was Sie denken. Sind es Stressgedanken, angenehme oder neutrale Gedanken?

Sobald wir uns unsere Übertreibungen, Dramatisierungen und Horrorvisionen bewusst machen, entsteht automatisch das Bedürfnis, damit aufzuhören und sie durch sachlichere Überlegungen zu ersetzen. Man braucht es sich also nicht extra vorzunehmen. Es genügt, an den Punkt zu gelangen, an dem man wahrnimmt, was einem durch den Kopf geht. Bewusstheit eröffnet einem Wahlmöglichkeiten. Sobald man weiß, was man denkt, kann man entweder so weitermachen oder die Richtung ändern.

Bewusst reagieren

Besonders aufschlussreich kann es sein, sich bewusst zu machen, mit welchen Überlegungen man auf eine bestimmte Situation reagiert.

Nehmen wir einmal an, Sie kommen in eine große Stadt. Was denken Sie über diese Stadt? Finden Sie sie großartig? Gut? In Ordnung? Schlecht? Ganz grauenhaft? Der Gedanke »Diese Stadt ist großartig!« wird Begeisterung in Ihnen auslösen. Die Bewertung, die Stadt sei »gut«, wird zu angenehmen Gefühlen führen. »In Ordnung« ist verbunden mit Gelassenheit. Eine schlechte Meinung über die Stadt löst unangenehme Gefühle in Ihnen aus. Das Urteil »Dieser Ort ist ganz grauenhaft« wird Stress nach sich ziehen. In diesem Fall werden Sie die Stadt hassen und sie möglichst schnell wieder verlassen wollen

Und was denken Sie über Ihre Gedanken und Gefühle? Viele Kombinationen sind möglich. Sie können sie einfach akzeptieren und in Ordnung finden. Dann rufen die Gedanken und Gefühle keine besonderen Empfindungen hervor. Oder Sie können sie (stark) positiv oder negativ bewerten. Im ersten Fall könnten Sie so etwas denken wie »Es ist prima, dass mir die neue Stadt gefällt«. Damit verstärken Sie Ihre ohnehin positiven Gefühle noch. Im zweiten Fall käme ein Gedanke wie »Es ist furchtbar, dass ich diesen Ort ganz grauenhaft finde« in Betracht. Damit würden Sie sich noch weiter beunruhigen.

Im Allgemeinen bemerken wir nur unsere Gefühls- und Verhaltensreaktionen. Indem wir uns bewusst machen, mit welchen Gedanken wir auf etwas reagieren, können wir besser verstehen, warum wir uns so fühlen und verhalten, wie wir es tun. Außerdem erhalten wir die Möglichkeit, anders zu reagieren, zunächst gedanklich und, dadurch bedingt, auch gefühls- und verhaltensmäßig.

Sie könnten z.B. anfangen, die neue Stadt anders zu beurteilen. Vielleicht fällt Ihnen auf, dass Sie dazu neigen, alles Neue zunächst abzulehnen. Oder Sie stellen fest, dass es »die« Stadt gar nicht gibt. Der Ort setzt sich aus vielen verschiedenen Vierteln und Milieus zusammen. Kann sein, dass Sie den einen Stadtteil nicht mögen, dafür aber andere. Vielleicht kommen Ihnen die EinwohnerInnen unfreundlich vor. Aber möglicherweise denken und verhalten Sie sich unfreundlich, und die anderen reagieren in derselben Weise auf Sie. Wenn Sie genauer hinschauen, merken Sie wahrscheinlich auch, dass nicht alle Einwohner gleich sind. Mit manchen können Sie nichts anfangen, einige sind o.k., und ein paar gefallen Ihnen sogar. Indem Sie Ihre anfänglichen kognitiven (Denk-) Reaktionen bemerken und in Frage stellen, gewinnen Sie den Spielraum, eine neue Stadt (oder was auch immer) differenzierter zu sehen und sich besser zu fühlen und angemessener zu verhalten.

Denkgewohnheiten

In dem Film »Mein Onkel aus Amerika« von Alain Resnais kommt der Satz vor: »Ich, das sind die anderen«. Eine interessante Idee. Wir glauben zwar, originell und unabhängig zu sein. Tatsächlich sind wir aber die ganze Zeit von unserer Umgebung beeinflusst. Wir nehmen ständig Gedanken anderer Menschen auf, genauso wie diese unsere Gedanken übernehmen. Das ist uns nicht immer bewusst.

Denken Sie dasselbe, was die anderen denken? Mit wem stimmen Sie überein? Mit Ihren FreundInnen? Eltern? LehrerInnen? KollegInnen? NachbarInnen? Mit Ihrer Tageszeitung? Mit den Fernsehsendungen, die Sie sehen? Den Radiosendungen, die Sie im Auto hören? Von wem lassen Sie sich beeinflussen?

Es spricht nichts dagegen, mit anderen übereinzustimmen. Problematisch ist es nur, wenn man das nachplappert, was andere sagen, ohne sich zu fragen, ob es stimmt, was sie sagen. Ist es wahr, was Sie in den Nachrichten hören? Woher wollen Sie das wissen?

Auch Mehrheiten können irren. Was Jahrzehnte oder sogar Jahrhunderte als wahr galt, kann sich als falsch herausstellen. In Zeiten der Aufklärung werden die religiösen, politischen und philosophischen Ansichten auf den Prüfstand gestellt. Was die Prüfung besteht, wird bewahrt. Der Rest verschwindet im Geschichtsbuch.

Wissenschaftliche Methoden sollen gewährleisten, dass man irrtümliche Annahmen nach und nach ausschließen kann. Sachverhalte werden beobachtet und interpretiert. Jede Lehrmeinung wird überprüft, wenn möglich getestet. So lange man sie nicht widerlegen kann, kann sie vorläufig als richtig gelten. Es hat sich bewährt, stets eine gewisse Skepsis beizubehalten. Allzu oft mussten Ansichten revidiert werden, von denen man lange Zeit sicher annahm, dass sie richtig seien. Aber nicht jeder, der sich Wissenschaftler nennt, ist auch einer. Politische, wirtschaftliche und kulturelle Interessen korrumpieren auch diejenigen, die eigentlich wichtige Fragen wahrheitsgemäß beantworten wollten. In jeder Wissenschaft findet man Mehrheits- und Minderheitsmeinungen. Und die herrschende Meinung ist nicht selten die Meinung der Herrschenden.

Vielleicht erinnern Sie sich daran, dass in der Sowjetunion die Psychiatrie dazu missbraucht wurde, Dissidenten als verrückt hinzustellen.

In einer medizinischen Buchhandlung sah ich einmal einen schmalen Band mit dem Titel »Irrtümer in der Geschichte der Medizin«. Einer der Kunden meinte zu dem Buchhändler, dass das Buch eigentlich viel dicker sein müsste. (Vielleicht ein Arzt?)

Mehrheiten können irren, aber auch Minderheiten liegen nicht unbedingt richtig. Über die Wahrheit kann nicht abgestimmt werden. Jeder muss selbst herausfinden, was er glauben und auf wen er hören will.

Wer meint, die Wahrheit fürchten zu müssen, befindet sich in einem Irrtum. Denn in Abwandlung des Epiktet-Zitats könnte man sagen: Nicht die Wahrheit beunruhigt einen, sondern das, was man über die Wahrheit denkt.

Sich die eigenen Gedanken bewusst zu machen, ist ein erster Schritt in Richtung Wahrheit und Gelassenheit. Niemand muss irgendwelchen Überzeugungen blind folgen. Wir können unsere Ansichten immer wieder überprüfen und ändern, wenn wir feststellen, dass sie den Tatsachen widersprechen und uns nur Stress verursachen.

Ein klarer Kopf

Alkohol, Drogen, Pillen, Nikotin und Essen – viele Menschen manipulieren ihre Gefühle mit Hilfe dieser Mittel. »Mother's little helper«, das sind Beruhigungspillen. Wären die Rolling Stones eine Frauenband, hieße der Song vielleicht »Father's little helper«, und damit wäre das Bier gemeint. Die beruhigende Wirkung des Hopfens hilft vielen Männern vermeintlich, ihre Stressgefühle zu dämpfen.

Essen in großen Mengen, vor allem schwere, fettreiche Kost, macht müde und lässt die Ängste und Aggressionen ein wenig zur Ruhe kommen. Sicher haben nicht alle dicken Menschen deshalb Übergewicht, weil sie ihre Gefühle besänftigen wollen. Aber es ist einer unter mehreren Gründen. Die einen kriegen bei Stress nichts mehr herunter, und die anderen denken: »Erst mal was essen«. Ein üppiges Essen, Bier und Wein, damit sorgen manche für ihr inneres Gleichgewicht, allerdings um den Preis zahlreicher Gesundheitsrisiken, die mit starkem Übergewicht verbunden sind.

Auch Raucher, Drogenkonsumenten, Alkoholiker und Tablettenabhängige bezahlen ihren vorübergehenden Frieden unter Umständen mit ihrer Gesundheit oder sogar mit ihrem Leben. Aber es ist so üblich und offensichtlich auch so leicht, diese Mittel zu konsumieren und dann seine Ruhe zu haben, jedenfalls eine Zeit lang.

Die Gedanken zu entspannen, das ist bisher der weniger gebräuchliche Weg, um Ruhe und Gelassenheit zu finden. Für die Beobachtung und Lenkung der Gedanken braucht man einen klaren Kopf. Wer müde, krank, betrunken oder voll mit Tabletten ist, kann nicht mehr richtig denken. Aber genau darum geht es beim Missbrauch von Bier, Wein, Essen und

Tabletten: schläfriger Kopf, angenehme Gefühle. Alle Trinker, Kiffer und Fettleibigen bestätigen auf ihre Art den Zusammenhang zwischen Gedanken und Gefühlen. Aber sie erschweren sich damit den drogenfreien Weg zu Ruhe und Gelassenheit.

Stress kann Menschen dazu verleiten, ihre unangenehmen Gefühle mit Hilfe von Alkohol, Drogen oder Ähnlichem loswerden zu wollen. Aber Vorsicht: An dieser Formulierung merken Sie wieder einmal, wie stark das AC-Denken unsere Kultur beherrscht. Obwohl es oft so gesagt wird, haftet der Stress nicht den Situationen an. Sonst könnten Menschen niemals auf einem Seil über Abgründe balancieren oder zu wilden Tieren in die Zirkusmanege gehen. Nicht die Situationen an sich verursachen den Stress. Ein Teil der Menschen reagiert auf manche Situationen mit Stressgedanken und daher auch mit Stressgefühlen. Wer wann auf welche Situationen mit Stress reagiert, das kann man kaum voraussagen. Nicht alle Menschen denken dasselbe. Nicht einmal ein Einzelner reagiert immer mit denselben Gedanken. Das erklärt auch, warum jemand in vergleichbaren Situationen mal Angst, Wut oder Depressionen hat und mal nicht.

Den Geist und damit auch die Wahrnehmung der Stressgefühle mit Alkohol, Tabletten, übermäßigem Essen etc. zu bekämpfen, hat den enormen Nachteil, dass im Laufe der Zeit eine Gewöhnung eintritt und die Dosis gesteigert werden muss, um dieselbe beruhigende Wirkung zu erreichen. Der zunehmende Missbrauch dieser Mittel gefährdet die Gesundheit immer stärker.

Dieser Prozess ist umkehrbar. Nach dem Absetzen der Substanzen bzw. Rückkehr zu einem angemessenen Essverhalten wird der Kopf wieder klar, die Stressgedanken und -gefühle können wieder wahrgenommen und durch entspannte, gelassene Gedanken ersetzt werden.

Entspanntes Denken ist der beste Schutz gegen Stress. Es ist billig, überall verfügbar und ohne Nebenwirkungen. Es kann einen zudem davor bewahren, Drogen zu nehmen. Den Stoikern hat es in schwierigsten Zeiten geholfen. Vielleicht probieren Sie es auch mal aus.

2 Abschalten

Der Wunsch, sich eine Pause vom Denken zu gönnen

Die Gedanken loslassen – aber wie?

Bisher haben wir uns damit beschäftigt, dass man sich mit Stressgedanken in Unruhe versetzt, und wie man mit Hilfe gelassenerer Gedanken die innere Balance behält oder wieder zurückgewinnt.

Nun wünschen sich allerdings viele Menschen darüber hinaus, auch einmal eine Zeit lang überhaupt nicht zu denken und auf diese Weise innere Ruhe zu finden. Die meisten wissen aber nicht, ob dies möglich ist, oder sind sogar davon überzeugt, dass man leider nicht aufhören kann zu denken. Die Wahrheit ist ein wenig paradox: Es ist nicht möglich, nicht zu denken, und trotzdem kann man zeitweise Ruhe vor seinen Gedanken finden. Ich möchte Ihnen erklären, wie das zusammenpasst.

Was heißt eigentlich »denken«? Dazu gehört einmal das Wahrnehmen, also das Sehen, Hören, Fühlen, Riechen und Schmecken der Dinge außerhalb von uns. Wir können aber auch Dinge in unserer geistigen Welt wahrnehmen, also vor unserem inneren Auge Menschen und Gegenstände sehen, mit unserem inneren Ohr Stimmen und Geräusche hören, und so weiter. Alle unsere Erinnerungen setzen sich aus Gesehenem, Gehörtem, Gelesenem und Gefühltem zusammen.

Zum Denken gehört außerdem die Fähigkeit, unsere Aufmerksamkeit zu lenken. Das bedeutet zum einen, dass wir uns in der Außenwelt umschauen und umhören können, zum anderen, dass wir in der Lage sind, Elemente und Ideen unserer inneren Welt zu kombinieren.

Schließlich heißt »denken«, alles, was wir wahrnehmen, zu bewerten. Wir sehen und hören nicht nur, sondern verknüpfen diese Eindrücke mit Beurteilungen und Gefühlen. Dabei entstehen folgende Kategorien: gut, schlecht, gleichgültig – angenehm, unangenehm, neutral.

»Denken« ist also nicht nur das Sich-Gedanken-machen, das Erinnern und In-die-Zukunft-schauen. Bereits das Wahrnehmen und das Lenken der Aufmerksamkeit sind Funktionen unseres Geistes.

Wir machen die Erfahrung, dass die Gedanken von einer Sache zur nächsten springen, manchmal aber auch um ein einzelnes Thema zu kreisen scheinen. Es sieht fast so aus, als hätten unsere Gedanken ein Eigenleben. Manche scheinen einen nicht loszulassen. Die Frage ist jedoch: Wer lässt hier wen nicht los?

Betrachten wir das Phänomen des Loslassens und Festhaltens einmal näher, zuerst in der Außenwelt, dann in der Innenwelt. Nehmen wir an, Ihre Hand umklammert einen Gummiball. Beim Umklammern geben Sie Ihren Fingern den Befehl, sich mehr oder weniger stark zu beugen, so dass Sie den Ball fest in Ihrer Hand halten. Sie lassen los, indem Sie Ihren Fingern den umgekehrten Befehl geben, nämlich die Finger mehr und mehr zu strecken, bis der Ball schließlich aus Ihrer Hand fallen kann. Beugen und strecken, im Grunde genommen ist es ganz einfach.

Aber wie ist es mit dem inneren Loslassen und Festhalten? Indem man die Aufmerksamkeit auf einen Menschen, eine Sache oder ein Thema lenkt, entsteht zunächst eine Berührung, beim Verweilen eine Bindung. Je weniger man abschweift, desto fester ist der innere Griff. Sie kennen diesen Vorgang unter dem Stichwort »Konzentration«.

Manchmal möchte man mit den Gedanken bei einer Sache bleiben und hat Mühe, es zu schaffen. Ein andermal würde man sich lieber mit etwas anderem beschäftigen und kreist trotzdem immer wieder um ein bestimmtes Thema. Was geht hier vor?

Menschen unterscheiden sich nicht unbedingt in der Fähigkeit, bewusst und aufmerksam zu sein, sehr wohl aber im Geschick mit dieser Fähigkeit. So kommt es, dass einige ihre Aufmerksamkeit sehr gut lenken können, wenig abschweifen, wenn sie dies wünschen, aber auch das Thema wechseln können, wenn es ihnen ratsam erscheint. Anderen dagegen fehlt die Übung, um nach Belieben bei einer Sache zu bleiben oder sie wieder loslassen und sich anderen zuwenden zu können.

So wie man greifen und loslassen, seine Finger beugen und strecken kann, so kann man mit der Aufmerksamkeit von einem Thema zum anderen wandern. Indem man sich einer Sache zuwendet, greift man innerlich danach. Indem man sich von ihr wieder abwendet, lässt man los.

Die Aufmerksamkeit lenken

Es ist unmöglich, das Denken abzustellen. Man wird immer irgendetwas wahrnehmen oder bewerten. Aber man kann seine Aufmerksamkeit lenken, und diese Fähigkeit kann man nutzen, um sich die gewünschte Pause zu verschaffen.

Das Denken an sich belastet einen nicht. Nur wenn man unangenehme Wahrnehmungen, Erinnerungen oder Zukunftsvorstellungen ständig wiederholt, zerrt man an den Nerven.

Wir können von einer Sekunde zur anderen Ruhe haben, wenn wir uns von unangenehmen Themen abwenden und angenehmen oder neutralen Gegenständen zuwenden.

Natürlich gehört es dazu, sich zu überlegen: Was ist, wenn ... Genauso wichtig ist es, das Pro und Contra verschiedener Dinge zu bedenken. Aber nicht pausenlos. Bei Themen, die wir für überragend wichtig halten – und wenn wir erst einmal gestresst sind, halten wir plötzlich alles für ganz überragend wichtig –, neigen wir dazu, immer und immer wieder das Für und Wider zu erwägen. Die Gedanken fangen an, sich im Kreis zu drehen. (Genauer: Wir fangen an, die Gedanken immer wieder im Kreis zu drehen. Passen Sie auf, dass Sie den Gedanken keine selbstständige Macht zuschreiben, und sich als deren Opfer sehen.)

Indem wir uns damit beschäftigen, was alles nicht so sein darf, wie es ist, machen wir uns das Leben schwer. In solchen Momenten kommt es darauf an, die eigenen Gedanken, Wünsche und Forderungen auch mal loslassen zu können, und zwar dadurch, dass man das Thema wechselt und sich mit anderen Dingen befasst.

Um den Alltag zeitweise loszulassen, muss man nicht in Urlaub fahren. Zwar fällt es den meisten in einer neuen Umgebung leichter, aus den gewohnten Denk- und Verhaltensmustern herauszukommen. Aber erstens ist eine andere Umgebung keine Garantie für Abwechslung – denn seine Innenwelt nimmt man überallhin mit –, und zweitens ist es auch in der vertrauten Umgebung möglich, abzuschalten. Abschalten in diesem Sinn heißt, die Aufmerksamkeit auf ein erfreuliches oder neutrales Thema hin zu lenken.

Wir können, wann immer wir es wollen, alle inneren Konflikte hinter uns lassen und uns beruhigenden oder erfreulichen Themen zuwenden. Die Ruhe ist in uns. Wir können sie jederzeit finden, wenn wir sie suchen.

In meinem Buch »Glücklich wie ein Buddha« habe ich gezeigt, dass das Glück in uns liegt. Es existiert nicht außerhalb von uns, auch wenn viele das glauben. Wir können es weder kaufen noch anfertigen lassen. Ohne das innere Glück ist die Welt grau. Wir selbst geben den Dingen eine Bedeutung. Wir entscheiden, ob wir etwas hinreißend finden und uns daran freuen oder es ablehnen und enttäuscht sind. Es ist wunderbar und tragisch zugleich, dass das Glück in uns ist. Wunderbar, weil wir immer nur ein paar Gedanken von unserer Freude entfernt sind, und tragisch, weil so viele Menschen ausschließlich in der Außenwelt danach suchen. Sie meinen, durch die Anhäufung von Geld und Besitz, Macht und Ansehen glücklich werden zu können, ohne zu begreifen, dass es so viele reiche, mächtige und angesehene *unglückliche* Menschen gibt.

Mit der Ruhe verhält es sich ebenso wie mit dem Glück. Sie ist in uns. Wir finden sie, indem wir unsere Aufmerksamkeit auf beruhigende Gedanken lenken. Wir können uns aber auch entscheiden, eine Zeit lang etwas ausschließlich zu beobachten, z.B. einen neutralen Gegenstand oder unseren Atem. Dabei enthalten wir uns aller Bewertungen wie »gut« oder »schlecht« und nehmen das Beobachtete einfach wahr.

Das reine Wahrnehmen ist eine wohltuende und entspannende Form des Denkens, weil es frei ist von der sonst so üblichen Einteilung der Welt in »gut« und »schlecht«. Wir können zeitweise aufhören, uns selbst, andere Menschen, die Dinge und unsere Umgebung zu bewerten. Der innere Streit kann auf diese Weise eine Weile verstummen. Wir müssen nicht pausenlos mit der Welt in Konflikt leben. Leider sind wir es in unserer Kultur so sehr gewohnt, allem, was uns nicht passt, innerlich Widerstand zu leisten. Diese Einstellung ist zwar nicht grundsätzlich schlecht; denn sie führt auch zu notwendigen Veränderungen. Aber wenn wir innerlich die ganze Zeit gegen die Welt, in der wir leben, Krieg führen, raubt diese Haltung uns das innere Gleichgewicht. Ohne inneren Frieden können wir auf Dauer nicht leben. Deshalb ist es so wichtig, auch mal abschalten zu können.

Gedanken, die einer Pause entgegenstehen

Der Wunsch, sich eine Pause vom Denken zu gönnen, kann an zwei Dingen scheitern. Erstens, weil man nicht weiß, wie das Abschalten funktioniert und zweitens, weil man sich keine Zeit für eine Pause nimmt.

Wir leben in einer hektischen Zeit. Pausen scheinen da nur zu stören. Trotzdem sind sie unerlässlich, um uns zu erholen, uns zu besinnen und Abstand zu gewinnen. Nach einer Pause sehen wir die Dinge wieder mit frischen Augen.

Welche Gedanken sind es nun, die verhindern, dass wir uns Erholungspausen gönnen? Hier einige Beispiele:

- Ich muss erst noch diese Sache beenden.
- Müßiggang ist aller Laster Anfang.
- Pausen gehören in die Freizeit.
- Ohne Fleiß kein Preis.
- Pausen halten mich nur auf.
- Je schneller ich ans Ziel komme, umso besser.
- Zeit ist Geld.
- Ich kann nicht aufhören.
- Der Schlüssel zum Erfolg heißt: hart arbeiten.
- Ich brauche keine Pausen.
- Schlafen kann ich, wenn ich tot bin.
- Ich muss erst alle Ziele erreichen, alle Probleme lösen. Dann ruhe ich mich aus.

Mit welchen Gedanken hindern Sie sich daran, eine Pause zu machen?
Aber es geht auch anders. Die folgenden Gedanken erleichtern es einem abzuschalten:

- Muße ist eine prima Sache.
- Jeder braucht Pausen. Manche merken es nur nicht.
- Harte Arbeit ist keine Garantie für Erfolg, wohl aber für Erschöpfung.
- Pausen helfen mir, meine Ziele zu erreichen und meine Probleme zu lösen.
- Zeit ist Zeit, und Geld ist Geld.
- Sinnloser Aktionismus hält mich auf, nicht die Erholungspause.
- Ohne Fleiß kein Schweiß.
- Abwechslung bringt mich auf neue Gedanken.
- Je schwerer es mir fällt, eine Pause zu machen, desto nötiger habe ich sie.

Auch hier handelt es sich nur um Beispiele. Welche Überlegungen könnten es Ihnen leichter machen, sich regelmäßig Pausen zu gönnen?

Innere Freiheit

Aufgrund unserer Fähigkeit zu denken sind wir erstaunlich unabhängig von äußeren Umständen. Nur starke Müdigkeit, Drogen und bestimmte Krankheiten können die Freiheit unseres Denkens beeinträchtigen. Davon abgesehen sind wir in der glücklichen Lage, unsere Aufmerksamkeit zu lenken, wohin wir wollen, können die Dinge bewerten, wie es uns beliebt, und jedes Thema nach Lust und Laune in unserem Inneren festhalten oder loslassen.

Diese wunderbare Freiheit können wir für uns oder gegen uns arbeiten lassen.

Wenn wir die Aufmerksamkeit immer nur auf Themen richten, die wir unerfreulich und beunruhigend finden, verdunkeln wir unser Seelenleben. Bewerten wir Menschen, Dinge und Ereignisse in übertriebener Weise, machen wir sie dadurch schlimmer, als sie in Wirklichkeit sind. Manchmal bemerken wir vielleicht, dass andere gelassener als wir reagieren, können uns aber nicht erklären, wie sie das angesichts *dieser* (schrecklichen) Umstände schaffen. Indem wir uns, unsere Mitmenschen und unsere Umgebung negativ bewerten, bringen wir uns über kurz oder lang aus der inneren Balance.

Dagegen machen wir einen guten Gebrauch von unserer inneren Freiheit, wenn wir

- auch das sehen, was angenehm und beruhigend ist,
- uns und unsere Umgebung möglichst oft positiv bewerten,
- mit unseren Bewertungen generell nicht übertreiben.

Kaum jemand setzt seine innere Freiheit bewusst zum eigenen Nachteil ein. Nein, wir handeln die meiste Zeit einfach so, wie wir es bei anderen beobachtet haben. »Man« regt sich eben über bestimmte Sachen auf.
Ich biete Ihnen eine Wette an. Selbst wenn Sie das hier vorgestellte Konzept im Grundsatz bejahen, werden Sie sich über bestimmte Situationen eine Hintertür offenhalten und behaupten, in diesen Situationen könne man einfach nicht ruhig bleiben. Jeder würde dann so reagieren wie Sie. Manchmal seien eben doch die Umstände dafür verantwortlich, wie man sich fühlt. Ich wette also, dass Sie gerade in kritischen Situationen dazu neigen, die Verantwortung für Ihre Gedanken, Gefühle und Handlungen abzulehnen.
Sich so ein Hintertürchen offenzuhalten, ist normal. Es wird Sie einige Zeit und Übung kosten, immer die Verantwortung für Ihre Gefühle und Handlungen zu übernehmen. Um innerlich frei zu sein, müssen Sie über Ereignisse verschieden denken können, z.B. wahlweise pessimistisch oder optimistisch, gelassen oder verärgert, sorgen- oder vertrauensvoll.
Bis Sie in jeder Situation flexibel mit Ihren Gedanken umgehen können und so viel Gelassenheit erreicht haben, dass Sie mit sich zufrieden sind, mag Folgendes Sie trösten. Selbst viele TrainerInnen der Kognitiven Verhaltenstherapie neigen dazu, einen Rest der Verantwortung den Situationen zuzuschreiben. Und selbst diejenigen, die das ABC der Gefühle verinnerlicht haben, vergessen es immer mal wieder und fal-

len in alte unproduktive Gedanken-, Gefühls- und Verhaltensmuster zurück.

Zur Nachahmung empfohlen

Drei Dinge braucht man für ein entspanntes Leben.

1. Das Bewusstsein innerer Freiheit

Wir haben es weitgehend selbst in der Hand, genauer gesagt: im Kopf, ob wir gestresst oder entspannt sind. In unserem Denken und damit auch in unserem Fühlen und Handeln sind wir grundsätzlich frei. Wir können so oder so denken, so oder so fühlen und so oder so handeln.

Der erste Schritt zur inneren Freiheit besteht darin, von ihr zu wissen. Wissen wiederum ist kein Zustand, sondern ein Prozess. Das heißt, dass wir dieses Wissen nicht für immer besitzen. Wir verlieren es wieder, wenn wir uns nicht regelmäßig daran erinnern. Also denken Sie öfter mal darüber nach, dass Ihre äußere Freiheit begrenzt, Ihre innere Freiheit dagegen grenzenlos ist. Sie können jederzeit Ruhe in sich finden.

2. Die Steuerung der Aufmerksamkeit

Jeder Mensch kann Menschen, Dinge und Ereignisse innerlich festhalten und wieder loslassen. Sie können Ihre Gedanken schweifen lassen oder sich auf eine bestimmte Sache konzentrieren. Während Sie draußen umherlaufen, können Sie Ihre Umgebung beobachten oder mit den Gedanken ganz woanders hingehen. Sie haben die Wahl, was Sie sehen, hören, tasten, schmecken, riechen wollen. Wie sehr, wie lange, wie oft Sie an Ihren Ideen und Phantasien festhalten – alles steht grundsätzlich in Ihrer Macht, dadurch dass Sie Ihre Aufmerksamkeit bewusst lenken. Sie können jeden Bewusstseinsinhalt ein- und abschalten.

3. Die autonome Bewertung der Welt

Es steht Ihnen frei, die Welt, so wie Sie sie wahrnehmen, nach Belieben zu beurteilen: Menschen, Tiere, Pflanzen, Sonne, Mond und Sterne, das Wetter, die Politik, Ihre Chefin, Ihre Angestellten, Ihre KollegInnen, Ihre Eltern, Ihren Ehemann, Ihre Ehefrau und Ihre Kinder. Auch Ihre Innenwelt können Sie bewerten, wie Sie wollen: Ihre Gedanken, Ihre Phantasien, Ihre Erinnerungen, Ihre Träume. Sie können dies alles großartig, gleichgültig oder schrecklich, angenehm oder unangenehm finden. Es ist Ihre Sache, ob Sie sich Sorgen machen, über etwas freuen oder ärgern. Ist solche Freiheit nicht wunderbar?
Falls Sie wirklich daran interessiert sind, ein entspanntes Leben zu führen, empfehle ich Ihnen,

- sich immer wieder bewusst zu machen, dass nichts und niemand Sie zwingen kann, auf eine bestimmte Weise zu denken, zu fühlen oder zu handeln, sondern dass Sie innerlich frei sind,
- Ihr Denken so oft wie möglich zu entspannen, indem Sie sich selbst und Ihre Umwelt freundlich und mit Nachsicht bewerten,

- innerlich alles loszulassen, worauf Sie regelmäßig mit Zorn, Angst oder Enttäuschung reagieren, und Ihre Aufmerksamkeit stattdessen häufiger auf das zu lenken, was Sie persönlich angenehm oder beruhigend finden.

Sich von seinen Problemen lösen

Die Aufmerksamkeit lenken zu können, ist ein großer Vorteil. Denn es ermöglicht einem, seine Probleme eine Zeit lang beiseitezustellen. Problemlösungen brauchen unter Umständen viel Zeit. Man macht sich das Leben zur Hölle, wenn man in solchen Phasen die Aufmerksamkeit nicht auch auf neutrale oder erfreuliche Themen richtet.

Man hat immer die Möglichkeit, sich in Gedanken mit etwas anderem als den Problemen zu beschäftigen. Manche drücken das so aus: »Ich habe ein Problem, aber ich bin nicht das Problem.« Das heißt, dass sich das Leben jedes Menschen aus vielen Facetten zusammensetzt, und nicht alle werden von den Problemen berührt. Es gibt immer auch problemfreie Zonen, und diesen Umstand kann man sich zunutze machen.

Indem man sich den unproblematischen Teilen des Lebens zuwendet, schafft man die notwendige Distanz zu seinen bestehenden Schwierigkeiten. Man macht dadurch die Erfahrung, dass es im Leben mehr gibt als nur Probleme.

Mitunter kann man den Eindruck, die Probleme würden sich einem immer wieder aufdrängen. »Meine Probleme lassen mich einfach nicht los«, sagt man dann. In Wirklichkeit ist es umgekehrt. Man versäumt es, die Probleme loszulassen. Die Schwierigkeiten, mit denen man kämpft, haben keinerlei

Möglichkeit, das eigene Bewusstsein zu besetzen; es sei denn, man lässt es zu. Es ist wie mit ungebetenen Gästen. Man kann sie freundlich, aber bestimmt darauf hinweisen, dass sie im Moment unerwünscht sind. Normalerweise gehen sie dann. Sollten sie trotzdem bleiben, beachtet man sie nicht. Man behandelt sie wie Luft und wendet sich anderen Dingen zu. Genauso kann man es mit Problemen machen.

Falls bestimmte Probleme besonders hartnäckig sind, kann es helfen, ihnen feste Zeiten zuzuweisen. Man nimmt sich beispielsweise vor, sich von 18.00 bis 18.30 Uhr mit ihnen zu befassen. Dadurch erleichtert man es sich, sie die übrige Zeit wirklich loszulassen.

Ist Ihnen eben etwas aufgefallen? Der Satz »Falls bestimmte Probleme besonders hartnäckig sind ...« stellt die Dinge mal wieder auf den Kopf. Wir sind es aber gewohnt, die Tatsachen zu verdrehen, und nehmen derartige Aussagen widerspruchslos auf. Selbst wenn man darauf achtet, sich wirklichkeitsgemäß auszudrücken, schleichen sich die alltäglichen Sprachmuster immer wieder ein (gerade wieder).

Falls Sie sich das ABC der Gefühle zu eigen machen, werden Sie feststellen, dass Sie nicht nur anfangen, anders zu denken, sondern auch zu sprechen. Sie werden über Verdrehungen wie die obigen mehr und mehr stolpern. Sobald das passiert, sind Sie einen wichtigen Schritt weiter. Gehen Sie aber gelassen mit Ihrem neuen Bewusstsein um. Sie können verdrehte Sätze korrigieren oder so lassen, wie sie sind. Wenn Sie wissen, was Sie tun, können Sie tun, was Sie wollen.

Das zeitweise Beiseitestellen von Problemen stellt einen guten Kompromiss zwischen Problemleugnung und-besessenheit dar. Wie so oft im Leben, kommt es auf die richtige Balance an. Die Extreme helfen einem nicht weiter.

Gelassener Umgang mit Problemen bedeutet, sie zuzulassen

und zu akzeptieren. Das Ungelöste darf da sein. Vielleicht findet man eine Lösung. Vielleicht auch nicht. Dann macht man sich klar, dass es auch so geht. Möglicherweise nicht so gut, wie man es sich in seinen Träumen vorstellt, aber auch nicht so schlecht, wie man es sich in trüben Momenten einreden will.

Alles fließt

Wir würden niemals leiden, wenn wir jederzeit loslassen könnten. Die Dinge ändern sich, ob es uns passt oder nicht. Manches wandelt sich schneller, anderes langsamer. Widersetzen wir uns dieser Tatsache und bestehen darauf, dass es nach unseren Vorstellungen gehen müsste, beginnt das Leiden.

Die Essenz der buddhistischen Lehre besagt, dass alles ständig im Fluss ist. Die Dinge entstehen, vergehen und entstehen wieder neu in einem unaufhörlichen Kreislauf. Klammert man sich an das Vergängliche, entsteht Leiden. Lässt man los, vergeht das Leiden wieder.

Nicht die Veränderung an sich verursacht Leiden, sondern unsere Einstellung dazu. Genauso wenig löst die mangelnde Übereinstimmung zwischen unseren Träumen und der Wirklichkeit Leiden aus. Erst das krampfhafte Festklammern an unseren Wünschen ist schmerzhaft.

Allzu oft vergessen wir unsere innere Freiheit und klammern uns an eine Sichtweise wie in der folgenden Geschichte: Zwei Mönche haben sich verpflichtet, jeden Kontakt zu Frauen zu vermeiden. Auf ihrer Wanderung gelangen sie an einen Fluss.

An dessen Ufer steht eine Frau. Einer der beiden Mönche bietet ihr an, sie hinüberzutragen. Die Frau nimmt sein Angebot an, und der Mönch trägt sie hinüber. Als die beiden Mönche schon eine ganze Weile wieder allein sind, bricht es plötzlich aus dem anderen Mönch heraus: »Wie konntest du das tun? Du hast das Gelübde gebrochen.« Darauf antwortet ihm der Angesprochene: »Ich habe die Frau am Ufer wieder abgesetzt. Trägst du sie immer noch?«

Wie oft ärgern wir uns über andere Menschen! Mitunter tragen wir sie noch Tage, Wochen oder gar Jahrzehnte mit uns herum. Warum setzen wir sie nicht einfach ab, wenn uns ihr Verhalten missfällt? Wir könnten uns mit etwas Besserem beschäftigen.

Vielleicht meinen Sie aber: »Das geht nicht so einfach!« Da könnten Sie recht haben, aber es steht auch nirgendwo, dass es einfach sein müsste, Stressgedanken loszulassen. Reicht es nicht aus, dass es möglich ist? Außerdem ist es manchmal in Wirklichkeit einfacher, als man zunächst dachte. Dass es so schwer sei, sich an Stelle der Stressgedanken mit etwas anderem zu befassen, ist auch nur einer von vielen Gedanken, und dazu noch einer, der die Tendenz zur selbsterfüllenden Prophezeiung hat.

Die Dinge ändern sich. Wichtiger, als zu verstehen, warum das so ist, ist es, diese Tatsache anzuerkennen und sich darauf einzustellen. Als Regel kann man sich merken: »Wenn du Stress hast, musst du die Stress verursachenden Gedanken so schnell wie möglich erkennen, anzweifeln und durch andere, die dir weiterhelfen, ersetzen.«

Eine ruhige Umgebung

Äußere Ruhe, innere Ruhe

Braucht man eine ruhige Umgebung, um abschalten zu können? Es kommt darauf an. Einige Menschen bemerken erst richtig, wie aufgewühlt sie innerlich sind, wenn es um sie herum still wird. Dann ist es besonders wichtig, die innere Anspannung erst einmal gelassen hinzunehmen. Sonst hält man unter Umständen die äußere Stille oder die Entspannungsmethode für beängstigend. Das wäre ein typischer Fall von AC-Denken; denn nicht die Umgebung ist beängstigend, sondern das Denken. Deshalb ist es in solchen Fällen nicht nötig, die Umgebung zu wechseln. Es reicht aus, die beängstigenden Gedanken durch beruhigende zu ersetzen.

Stille kann also so ungewohnt sein, dass manche sich darin unbehaglich fühlen. Das ändert sich aber nach einer Weile. Mehr und mehr gewöhnt man sich an das Ungewohnte und kann die äußere Ruhe schließlich genießen.

Da die Ruhe in uns liegt, kann man sie grundsätzlich auch in turbulenten Umgebungen finden. Mit einer der Übungen zum inneren Loslassen (S. 139ff.) oder mit anderen geeigneten Methoden ist es möglich, auch dann abzuschalten, wenn die Welt um einen herum tobt.

Letztlich können nur Sie selbst herausfinden, ob Sie äußere Ruhe brauchen, um inneren Frieden zu finden. Keine zwei Menschen sind gleich. Nehmen Sie sich die Freiheit, auszuprobieren, welche Umgebung Sie brauchen, um sich wohlzufühlen. Sie könnten z.B. mit angenehmen ruhigen Räumen beginnen und erst nach und nach dazu übergehen, auch in lauten Umgebungen entspannt zu bleiben. Oder Sie üben von Anfang an an herausfordernden Plätzen. In jedem Fall empfehle ich Ihnen, sich zum Ziel zu setzen, Ihr inneres Gleichgewicht unabhängig von der Umgebung zu behalten bzw. wiederzufinden.

Es gibt zu viele »Trainingsweltmeister«. Diese können in ihrer gewohnten Umgebung, besonders an vollkommen ruhigen Plätzen, wunderbar meditieren, fallen aber draußen, in der manchmal rauen Welt, sofort aus ihrer Mitte und sehnen sich an ihr stilles Plätzchen zurück. Dasselbe Problem erleben die meisten, wenn sie aus einem schönen Urlaub zurückkehren. Die in einer angenehmen Umgebung gewonnene Ausgeglichenheit löst sich binnen weniger Tage in Luft auf, und sie sind schnell wieder urlaubsreif.

Nichts gegen schöne Urlaube, aber einige Wochen im Jahr genügen nicht, um die innere Ruhe zu pflegen. Man kann sie nicht konservieren, sondern muss sie dort finden, wo man lebt und arbeitet.

So ist es ein beeindruckendes Erlebnis, wenn man durch ein überfülltes Kaufhaus oder über einen Jahrmarkt geht und dabei feststellt, dass einem der Lärm und das Getriebe nichts anhaben können, weil man in der Lage ist, die Hektik an sich ablaufen zu lassen und in sich selbst zu ruhen.

Orte der Ruhe

Beinahe überall gibt es Plätze voller Hektik und Lärm, mit schnellen Rhythmen, aber auch Orte der Stille, der Einkehr und der Langsamkeit. Sogar im Auge des Taifuns herrscht ein Frieden, den man dort nicht erwarten würde.

Bahnhöfe, Kaufhäuser, Straßenfeste und Fußballstadien, also Orte, wo viele Menschen zusammenkommen, sind meist von Lärm und Hektik erfüllt. Aber auch die Natur, der man so oft Stille und Frieden nachsagt, kann sehr laut, bewegt und unruhig sein. Denken Sie z.B. an Meeresbrandungen, Orkane, Erdbeben oder Vulkanausbrüche. Wenn man sagen könnte, dass die Natur friedlich und nur der Mensch voll Unruhe sei, wäre alles einfach. Aber die Realität ist eben nicht so.

So strahlen die Bahnhöfe in den Großstädten in den späten Abendstunden und nachts eine majestätische Stille und Erhabenheit aus, die man zu den Hauptverkehrszeiten nicht für möglich halten würde. Kaufhäuser in den frühen Vormittagsstunden sind im Allgemeinen verschlafene Plätze, wo man in Ruhe einkaufen kann.

Dagegen fahren auf dem Land die Bauern schon in aller Herrgottsfrühe mit lärmenden Maschinen durch die Gegend und zerstören jeglichen Glauben an die Idylle auf dem Lande. In Dokumentarfilmen über das Leben im Dschungel, also in der von Menschen sonst unberührten Natur, hört man das andauernde Gekreische von Vögeln und anderen Tieren.

So einfach sind Ruhe und Hektik also nicht verteilt. Sie existieren nebeneinander. Man findet beides sowohl in den Großstädten als auch in der Natur.

Das innere Loslassen üben

Grundlagen

Ähnlich wie ein Fernsehgerät, verfügen wir über Empfangskanäle, und zwar zehn. Fünf, um die Außenwelt wahrnehmen zu können (sehen, hören, tasten/fühlen, riechen, schmecken), und fünf für die Innenwelt (inneres Sehen, Hören, Tasten/Fühlen, Riechen, Schmecken). Wir können beispielsweise eine Erdbeere ansehen und schmecken und uns vorstellen, wie eine Erdbeere aussieht und schmeckt. Alle Wahrnehmungen bewerten wir – mit angenehm, unangenehm oder neutral (weder angenehm noch unangenehm). Das ergibt bereits 30 verschiedene Möglichkeiten zu denken (10-mal wahrnehmen × 3-mal beurteilen), 30 Möglichkeiten somit, die Welt zu erleben.
Durch bewusste Steuerung unserer Aufmerksamkeit können wir bestimmte Wahrnehmungen und Bewertungen abschalten. Um die verschiedenen Möglichkeiten im Einzelnen kennenzulernen, lassen Sie uns ein paar Übungen machen.

Nur sehen

Schauen Sie sich um. Achten Sie auf Formen, Farben, Strukturen usw. Sie haben eine reiche Auswahl, wohin Sie Ihre Blicke lenken wollen. Sie können nie alles gleichzeitig sehen.

Schon gar nicht, was hinter Ihrem Rücken liegt. Dafür müssen Sie sich erst umdrehen.
Versuchen Sie, alle Bewertungen und alle Wahrnehmungen außer dem Sehen auszublenden. Was Sie hören, tasten, riechen, schmecken, und was Sie darüber denken könnten, ist im Moment egal. Nur sehen.

Nur hören

Jetzt achten Sie einmal auf alle Geräusche in Ihrer Außenwelt. Blenden Sie alles andere vorübergehend aus. Lauschen Sie.

Nur tasten/fühlen

Sie können spüren, wo und wie Sie Ihre Umgebung mit Ihrem Körper berühren. Falls Sie sitzen die Sitzfläche mit Ihrem Gesäß, die Rückenlehne mit Ihrem Kreuz, vielleicht auch den Schultern, den Boden mit den Füßen. Mit Ihren Händen spüren Sie das Buch.
Sie können sich auch mit geschlossenen Augen durch Ihre Wohnung tasten, aber bitte nur, wenn Sie dafür Sorge tragen, dass dabei nichts passiert. Lassen Sie sich von jemandem begleiten. Alle anderen Kanäle bitte wieder, so weit wie möglich, ausschalten.

Nur riechen

Falls Sie in einem Garten mit blühenden und duftenden Blumen sitzen, können Sie sich einmal allein Ihrem Geruchssinn überlassen. Nehmen Sie intensiv den Duft der Pflanzen auf.
Sie können auch beim Kochen und Essen einmal bewusst auf die verschiedenen Gerüche achten. Oder Sie zünden ein Räucherstäbchen an und konzentrieren sich auf das Aroma. Eine Duftlampe erfüllt denselben Zweck.

Nur schmecken

Ein Sinn, der beim Essen und Trinken zum Zuge kommt. Allerdings blenden wir oft die anderen Kanäle nicht aus, sondern hören beim Essen Radio, sehen fern, lesen und unterhalten uns. Dann wissen wir kaum, was wir gegessen und getrunken haben. Konzentrieren Sie sich ausnahmsweise einmal nur auf das Schmecken. Kein Sehen, kein Hören, kein Tasten, kein Riechen, auch kein Beurteilen, nur Schmecken.

Nur mit dem inneren Auge sehen

Hier ist Ihre visuelle Phantasie gefragt. Sie können sich einen Gegenstand nehmen, ihn ansehen, dann die Augen schließen und nur an diesen Gegenstand denken, ohne innere Kommentare oder Benennungen, nur den reinen Gegenstand innerlich betrachten.

Nur mit dem inneren Ohr hören

Singen Sie etwa in Gedanken ein Lied, das Sie gut kennen. Oder erzählen Sie sich, was Sie heute gemacht haben. Dabei werden Sie vermutlich auch innere Bilder sehen. Seien Sie sich dessen bewusst.
Mit dem inneren Ohr können Sie die Stimmen anderer Menschen erinnern, Musik, Tierlaute, Naturgeräusche und vieles mehr. Am intensivsten benutzen wir das innere Ohr, um unsere eigene innere Stimme zu hören. Fast ununterbrochen reden wir innerlich mit uns selbst. Es kann interessant sein, ganz bewusst darauf zu achten.

Nur mit dem inneren Tastsinn spüren

Bei einer Übung könnten Sie in Gedanken den rechten oder linken Zeigefinger heben und senken. Machen Sie es einmal tatsächlich und dann nur in Ihrer Vorstellung. Achten Sie auf das erinnerte Gefühl. Oder Sie könnten in Gedanken über eine Wolldecke streichen und spüren, wie diese sich anfühlt. Alle anderen Wahrnehmungen schalten Sie, wie in den vorherigen Übungen, in dieser Zeit ab. Reines inneres Spüren.
Falls Sie Ihre inneren Wahrnehmungen beurteilen (»Ach, das ist ja interessant«, »Wie weich sich die Decke anfühlt«), seien Sie sich dessen bewusst.

Nur mit der inneren Nase riechen

Denken Sie an den Duft von Rosen oder Zimt oder Vanille. Sonst nichts.

Nur mit der inneren Zunge schmecken

Essen Sie in Gedanken eine süße Orange und nehmen Sie den Geschmack wahr.

So, das war's. Das sind die zehn Wahrnehmungen, die wir zur Verfügung haben. Die Intensität, mit der man die äußere Welt mit den fünf Sinnen in sich aufnimmt, sowie die Lebhaftigkeit der inneren Vorstellungen sind unterschiedlich ausgeprägt. Teils ist dies angeboren, teils beruht es darauf, wie stark man die Sinne und das Gedächtnis geschult hat.

Auf die Möglichkeit, die Aufmerksamkeit auf Bewertungen zu richten, kommen wir gleich noch in den Abschnitten »Glücksmeditation« und »Ruhemeditation« zu sprechen. Dass man sich auch auf Unangenehmes konzentrieren kann, klammern wir hier aus. Dies üben die meisten Menschen – unbewusst – mehr als genug.

Machen Sie sich immer wieder klar, dass *Sie* Ihre Erfahrungen machen. *Sie* entscheiden, bewusst oder unbewusst, womit Sie sich wie lange, wie oft und wie sehr beschäftigen.

Das Ein- und Ausatmen beobachten

Eine seit Jahrtausenden sehr gebräuchliche und bewährte Methode, sich eine Pause von der Vielfalt der Wahrnehmungen zu verschaffen, ist die Beobachtung des eigenen Atems. Man lenkt dabei die Aufmerksamkeit ausschließlich auf das Ein- und Ausatmen.

Am deutlichsten ist die Atembewegung in der Körpermitte, wo sich das Zwerchfell hebt und senkt und dabei die Bauchdecke mitbewegt. Manche richten die Aufmerksamkeit auch auf die Nase und spüren dort die ein- und ausgehende Luft. Natürlich können Sie Ihre Aufmerksamkeit auch hin und her wandern lassen und Ihren Atem mal hier, mal dort wahrnehmen. Hauptsache, Sie bleiben beim »Thema«, der Beobachtung Ihres Atems.

Es wird Ihnen selten gelingen, ununterbrochen beim Atem zu bleiben. Die Aufmerksamkeit springt früher oder später hin und her. Das ist bei allen Menschen so, kann aber durch Gewohnheit, Nervosität und Unruhe verstärkt werden.

Die Aufgabe besteht darin, bewusst wahrzunehmen, womit Sie sich innerlich von Augenblick zu Augenblick beschäftigen. Gegenstand Ihrer Beobachtung soll Ihr Atem sein. Falls Sie in Gedanken zu einem Gespräch mit Ihrer Freundin abschweifen oder überlegen, was Sie in der Küche oder Garage noch zu tun haben, dann kehren Sie zur Beobachtung des Atems zurück, sobald Sie Ihr Abschweifen bemerken. Es kann sein, dass Sie für Momente woanders sind, oder auch für Minuten. Das macht nichts. Aber beobachten Sie jetzt wieder den Atem.

Loben oder kritisieren Sie sich nicht für Ihr Tun. Beurteilungen gehören nicht zum »Thema«. Kennen Sie die folgende Geschichte? Drei Mönche haben sich vorgenommen, einen Tag lang nicht zu sprechen. Plötzlich sagt der eine: »Was für ein schöner Tag!« Daraufhin weist ihn der zweite zurecht: »Wir haben uns doch vorgenommen, nichts zu sagen.« Nun ist der dritte an der Reihe: »Ihr habt den Vorsatz gebrochen. Nur ich habe nichts gesagt.«

Indem Sie sich ohne Anstrengung auf Ihren Atem konzentrieren, lassen Sie alle sonstigen Themen los. Dadurch gewin-

nen Sie einen wohltuenden Abstand zu Ihren Gedanken, Gefühlen und Handlungen. Ihr Körper kann sich entspannen. Ihr Atem beruhigt sich. Es gibt nichts zu tun, außer der gelassenen Beobachtung des Atems.
Das Ein- und Ausatmen ist normalerweise weder angenehm noch unangenehm. Es löst weder Freude noch Abneigung aus. Es ist neutral. Solange Sie dabei bleiben, haben Sie Ruhe. Zwar kommen Ihnen im Laufe der Übung viele Gedanken. Aber die lassen Sie los, indem Sie wieder Ihrem Atem folgen. Manche Gedanken kehren zurück. Aber auch Sie können sehr hartnäckig sein. Sie wenden sich jedes Mal aufs Neue von den Gedanken ab und richten Ihre Aufmerksamkeit wieder auf das Ein und Aus Ihres Atems. Ihr Job ist also relativ einfach. Mit der Zeit merken Sie, dass nicht Ihre Gedanken mit Ihnen, sondern Sie mit Ihren Gedanken machen, was Sie wollen. Sie haben Gedanken. Aber Sie sind nicht an sie gebunden. Sie sind frei. Denken ist einfach eine Sache der Aufmerksamkeit und der bewussten Entscheidung.

Nicht vorauseilen und nicht zurückbleiben

Um abzuschalten (inzwischen wissen Sie, dass es eigentlich ein Umschalten ist), können Sie Ihre Aufmerksamkeit auch auf das richten, was Sie gerade tun.
Wenn Sie irgendwohin gehen, achten Sie auf den Weg und die Umgebung. Schauen Sie sich um, hören Sie auf die Geräusche, bemerken Sie das Wetter. Oft sind wir auf dem Weg zu einem Ziel in Gedanken ganz woanders. Wir eilen voraus, können es nicht erwarten, dort zu sein, und verpassen die

Gegenwart. Es geht aber auch anders. Wir können uns jederzeit auf das konzentrieren, was wir gerade tun. Dabei werden uns zwar immer wieder irgendwelche Phantasien durch den Kopf gehen. Nützliche Gedanken, die unsere Aktivität unterstützen, können wir ruhig beachten. Sind es aber Gedanken, die uns nicht weiterhelfen, kehren wir am besten mit voller Aufmerksamkeit zu unserer Tätigkeit zurück.

»Tue, was du tust.« Nur darum geht es. Keine überflüssigen Gedanken an die Vergangenheit, kein Schwelgen in Zukunftsphantasien. Ein einfaches, reges Leben, und die Gedanken immer bei der Sache. Das ist übrigens das Ideal der Zen-BuddhistInnen. Sie müssen aber keine Zen-BuddhistIn werden, um stärker in der Gegenwart zu leben. Es genügt, zu wissen, was Sie gerade machen, Augenblick für Augenblick.

Wer zu viel tut, weiß nicht, wo ihm der Kopf steht. Die Aufmerksamkeit wirbelt hin und her, und ständig treibt einen die Sorge um, nicht alles schaffen zu können. Dagegen hilft nur, sich auf das Wesentliche zu konzentrieren und in Ruhe eine Sache nach der anderen zu tun.

Andere handeln zu wenig. Sie leben vor allem in ihren Gedanken. Gegen Erinnerungen und Zukunftsphantasien ist an sich nichts einzuwenden. Nur wenn sie auf Kosten einer sinnvollen Beschäftigung in der Gegenwart gehen, gilt es gegenzusteuern.

Im Kapitel »Genießen Sie Ihr Leben« komme ich auf das Thema des bewussten und gelassenen Handelns zurück.

Glücksmeditation

Leider »meditieren« viele Menschen über die negativen Erscheinungen dieser Welt. In meinem Buch »Glücklich wie ein Buddha« habe ich ausführlich dargelegt, dass wir die Wahl haben zwischen dem Guten, Wahren und Schönen auf der einen und dem Schlechten, Verlogenen und Hässlichen auf der anderen Seite. Beides existiert nebeneinander. Weder das Gute noch das Schlechte ist perfekt. Das taoistische Yin-Yang-Symbol illustriert diesen Sachverhalt. Eine weiße und eine schwarze Hälfte sind miteinander verbunden. Sie bilden zusammen ein perfektes Ganzes, einen Kreis. Im Weißen ist jedoch ein schwarzer Punkt, und umgekehrt.
Wir können uns aussuchen, worauf wir unsere Aufmerksamkeit richten. Wir werden immer etwas Schlechtes finden, immer aber auch etwas Gutes.
Bei der Glücksmeditation nutzen wir unsere Fähigkeit, nur an das Gute zu denken. Zwei Fragen stehen dabei im Mittelpunkt:

- Worüber freuen Sie sich im Moment?
- Worauf freuen Sie sich?

Mit der ersten Frage fokussieren Sie auf die Gegenwart, mit der zweiten auf die Zukunft.
Nehmen Sie sich Zeit, über beide Fragen nachzudenken. Passen Sie auf, dass Sie Ihre Aufmerksamkeit wirklich nur auf Erfreuliches richten. Sobald Sie merken, dass Sie angefangen haben, sich beunruhigende oder pessimistische Gedanken zu machen, kehren Sie zu den Ausgangsfragen zurück.

Falls Ihnen »Freude« ein zu starker Ausdruck ist, formulieren Sie die Fragen um:

- Was ist im Moment ganz in Ordnung? Was ist heute gut bzw. nicht schlecht gelaufen?
- Was sieht für Sie in nächster Zeit relativ gut aus? Was entwickelt sich nicht schlecht?

Sollten Sie die Übung öfter machen, z.B. täglich oder sogar mehrmals täglich, müssen Sie nicht ständig Neues finden. Wenn wir uns Sorgen machen, sind wir auch nicht originell, sondern wälzen immer dieselben Probleme auf dieselbe Weise. Drehen Sie bei der Glücksmeditation das Ganze einfach einmal um.

Ruhemeditation

- Was gibt Ihnen Ruhe?
- Was könnten Sie tun, um ruhiger und gelassener zu werden?
- Was müssten Sie denken, um sich zu beruhigen?

Das sind einige Fragen, denen Sie sich zuwenden können. Schon die Aussicht auf mehr Ruhe und Gelassenheit führt zu größerer innerer Entspanntheit.
Ruhemeditation bedeutet hier, über Ruhe, Gelassenheit und ein entspannteres Leben nachzudenken. Nehmen Sie sich Zeit, um zu überlegen, wann Sie heute angenehme Ruhe erlebt haben. Sie können sich auch an länger zurückliegende

Zeiten erinnern, in denen Sie Ruhe und Entspannung empfunden haben.
Allen anderen Gedanken (»Ich muss gleich weitermachen«, »Schade, dass diese Zeiten vorbei sind«) gehen Sie im Moment nicht nach. Kehren Sie einfach zum Thema »Ruhe und Entspannung« zurück. Das ist alles.

Wie lange soll man das Loslassen üben?

Irgendjemand hat einmal ausgerechnet, dass der Tag mehr als 24 Stunden haben müsste, wenn man die Empfehlungen aller Gesundheitsexperten einhalten wollte. Joggen, Gymnastik, Massage, Zähne putzen, Autogenes Training, mit den Kindern spielen, Tagebuch führen, natürliche Lebensmittel einkaufen, auf die richtige Weise kochen und backen, Vitamine und Mineralstoffe einnehmen, Atemübungen machen, emotional intelligent kommunizieren, die Haustiere versorgen, sich sozial engagieren, politisch einmischen, ein produktives, arbeitsreiches Leben führen, die Arbeit genießen, richtig lieben – habe ich irgendetwas vergessen?
Also wenn Sie dies alles einhalten, dann machen Sie auch noch täglich morgens und abends 20 Minuten lang eine der oben angegebenen Übungen zum Loslassen, keine Sekunde mehr und keine weniger. – Um Gottes willen, nein. Sie *können* diese Übungen machen, aber sie sollen und müssen es nicht. Falls Sie sich dafür entscheiden, suchen Sie sich einen Zeitraum aus, der Ihnen passt. Sie können 2 Sekunden oder 2 Stunden lang Ihr Alltagsleben hinter sich lassen. Genauso gut können Sie für drei Monate oder 2 Jahre eine Auszeit

nehmen und irgendwohin fahren, wo es Ihnen gefällt. Oder Sie entscheiden sich für einen entspannten Lebensstil und machen mehrmals täglich eine Glücksmeditation.
Es wäre aus meiner Sicht kontraproduktiv, würde ich Ihnen minutengenaue Anweisungen geben, wie Sie einen entspannten Lebensstil entwickeln sollen.
Bei Meditationen wird beinahe immer eine Zeitspanne von 2 × 20 Minuten täglich empfohlen, wie bei einer Medizin, die man 3 × täglich nehmen soll. Doch wo kommen bloß diese 20 Minuten her?
Außerdem ist es ein Steckenpferd vieler MeditationslehrerInnen, präzise Anweisungen zu geben, wie man zu sitzen hat. Sie nehmen das sehr, sehr ernst. Auf ihren Fotos sehen sie richtig grimmig und allseits verspannt aus. Es geht ja schließlich auch um die Überwindung des Leidens! Da muss Schluss mit lustig sein.
Unglücklicherweise machen sich viele Menschen beim Sitzen mit halb oder ganz verschränkten Beinen die Gelenke kaputt, wenn sie sich dazu zwingen. Und leider meditieren viele Menschen so leistungsorientiert, wie ich es oben im Abschnitt »Die Sehnsucht nach Leistung und Erfolg« beschrieben habe.
Natürlich sind in einer Leistungsgesellschaft auch viele Gurus, Ärzte und Heiler überspannt. Die Frage ist nur, ob man ihnen folgen sollte.
Also üben Sie loszulassen, wann immer Sie Lust dazu haben und so lange es Ihnen Spaß macht. Es geht nicht darum, 20 Minuten Meditation hinter sich zu bringen oder gar unter Schmerzen durchzustehen. Ich habe aber auch nichts dagegen, wenn Sie sich für 2 × 20 Minuten täglich entscheiden. Machen Sie es so, wie Sie es persönlich richtig finden.

Die Grenzen der Selbstvergessenheit

Eine Zeit lang abzuschalten, das kann sehr erholsam sein. Man richtet die volle Aufmerksamkeit auf ein erfreuliches oder entspannendes Thema und blendet alles andere aus. So vergisst man eine Weile sich selbst, die anderen und die Welt.

Eine solche Strategie hat aber ihre Grenzen. Irgendwann muss man wieder auftauchen. Und was ist dann? Die alten Denk-, Fühl- und Verhaltensmuster haben sich nicht von selbst verändert. Die Außenwelt ist dieselbe geblieben. Natürlich, man ist entspannter und gelassener. Aber die Erholung verfliegt im Nu, wenn man nicht die alten Denkgewohnheiten ändert. Aus diesem Grund habe ich der Entspannung des Denkens im ersten Kapitel dieses Buches so viel Raum gegeben.

Nur wenn man entspannt denken und seine Probleme lösen kann, ist die Strategie des vorübergehenden Abschaltens keine Flucht vor sich selbst, vor anderen oder vor der Welt. Meditation oder eine andere Form der geistigen oder körperlichen Entspannung reicht nicht aus, um ein gelassenes und glückliches Leben zu führen.

Bereits der historische Buddha hat vor 2500 Jahren die Erfahrung gemacht, dass Meditation allein nicht genügt, um das Leiden zu überwinden. Enttäuscht verließ er zwei Lehrer, die ihn in Meditationstechniken unterrichtet hatten. Erst nachdem er erkannt hatte, dass sein Leiden durch Gier, Hass und Unwissenheit, also durch schädliche Gedanken bzw. bei Unwissenheit durch einen Mangel an nützlichen Gedanken verursacht wurde, und er diese Übel durch Gelassenheit, Toleranz und Weisheit – genauer: Gedanken, die dies beinhalteten – ersetzte, war er aufgrund dieser Erfahrung überzeugt, den Schlüssel zu innerem Frieden und Glück gefunden zu haben.

Die äußere Darstellung des Buddha, der mit gekreuzten Beinen und einem seligen Lächeln unter einem Baum sitzt, ist trügerisch. Sie erweckt den Eindruck, dass das Sitzen in dieser Haltung das Entscheidende sei. Es ist aber zu wenig, die Haltung und das Lächeln einfach nachzuahmen. Das Sitzen – in welcher Haltung auch immer – ändert nicht das Denken. Und das Lächeln ist ein Ausdruck inneren Glücks. Ohne entsprechende Gedanken ist das Lächeln leer und bewirkt gar nichts. »Smile«, »Keep smiling« sind hilflose Aufforderungen von Leuten, die es offenbar nicht besser wissen.

Man sieht Menschen nicht an, wohin sie ihre Aufmerksamkeit lenken und ob sie gelassen denken können. Handgriffe und Haltungen, auch Gesten und Mimik, kann man nachahmen. »Kopfgriffe«, also wie jemand denkt, kann man dagegen nicht sehen. Insofern ist das Wesentliche leider unsichtbar.

3

Das Leben genießen

Probleme lösen

Der äußere Weg zur Ruhe

Nicht die Dinge beunruhigen uns, sondern die Gedanken, die wir uns darüber machen – das ist eine der zentralen Aussagen dieses Buches. Sie bedeutet nicht mehr und nicht weniger, als dass wir sowohl die Ruhe als auch die Unruhe in uns tragen. Die äußeren Ereignisse sind immer nur der Anlass für unsere Reaktionen. Wie die Reaktion ausfällt, das bestimmen wir, ob uns dies bewusst ist oder nicht. Die Gedanken und Phantasien laufen normalerweise so schnell und automatisch ab, dass sie unserer Aufmerksamkeit entgehen. Aber wir können sie uns jederzeit bewusst machen, indem wir uns fragen, wie wir über das betreffende Ereignis denken.

Das ABC der Gefühle ist der Ansatzpunkt für den inneren Weg zur Ruhe. Wir können die Stressgedanken durch ausgewogenere, gelassenere Gedanken ersetzen. Es steht uns frei, unsere Aufmerksamkeit von einer Sache zu einer anderen zu lenken, beispielsweise zu unserem Atem. Dadurch bekommen wir Abstand zu unseren Stressgedanken. Sobald wir uns beruhigt haben, fällt es uns leichter, so über die Dinge zu denken, dass wir unser inneres Gleichgewicht behalten. Die beiden inneren Wege zur Gelassenheit heißen also: 1. Umdenken und 2. Ablenken.

Wir können uns aber auch für den äußeren Weg zur Gelassenheit entscheiden. Er ist uns wesentlich vertrauter, weil er unserem alltäglichen AC-Denken entspricht. Da wir meinen, dass unser Glück und unsere Gelassenheit von den äußeren Dingen abhängen, versuchen wir meist als Erstes, diese zu ändern. Eine solche Strategie an sich ist in Ordnung. Wir können durch eine aktive, gestaltende Lebensweise eine Menge in der Außenwelt erreichen. Aber die Überzeugung, die dahintersteht, ist schädlich. Denn wenn es uns nicht gelingt, die Welt in unserem Sinn zu beeinflussen, fürchten wir, dass es um unser Glück und unseren inneren Frieden geschehen ist, und wir fühlen uns ohnmächtig. Deshalb ist es so wichtig, zu begreifen, dass wir innerlich unabhängig sind.

Der innere und der äußere Weg zur Gelassenheit schließen sich nicht gegenseitig aus. Im Gegenteil: Wir können sehr wohl versuchen, unsere Probleme zu lösen und unsere Ziele zu erreichen, aber ohne die innere Anspannung. Erfolg haben zu *müssen*. Mit einer gelassenen Einstellung können wir die einzelnen Schritte zu unserem Ziel mehr genießen.

Zu dieser Lebensphilosophie gibt es keine echte Alternative. Wir leben sonst immer in der Angst, in der Welt nicht das zu erreichen, was wir erreichen *müssen*. Und wenn wir es geschafft haben, finden wir keinen Frieden, weil wir befürchten, das Erreichte wieder zu verlieren. Eine Angst löst die andere ab, weil wir wissen, dass viele Dinge nicht in unserer Macht stehen. Deshalb es ist unvernünftig, das innere Gleichgewicht von den Zufällen des äußeren Geschehens abhängig zu machen. Wir können nicht einmal unsere Aufmerksamkeit und unser Denken vollkommen beherrschen. Bestimmte Krankheiten und anderes mehr können uns daran hindern. Und dennoch liegen in uns selbst immer noch die besten Chancen, in dieser launischen und unbeständigen Welt inneren Frieden und Glück zu finden.

Eine andere Einstellung zu Problemen

Sie brauchen nicht zu befürchten, dass Sie mit einer gelassenen Einstellung so entspannt sind, dass Sie Ihre Probleme nicht mehr lösen wollen. Man braucht keine Angst im Nacken. Im Gegenteil, ohne die Last der Sorgen auf den Schultern handelt man effektiver. Die Aussicht auf echte Verbesserungen ist Anreiz zum Handeln genug.

Aber eines trifft zu: Man hält nicht mehr jede Kleinigkeit für änderungsbedürftig. Einige Probleme lösen sich in Luft auf, weil man mit entspanntem Geist erkennt, dass man sie sich nur eingebildet hat. Der indische Medititationslehrer Eknath Easwaran findet, am schwersten seien die Probleme zu lösen, die keine sind.

Probleme haben eine Doppelnatur. Einerseits sind sie lästig und oft genug Anlass, sich zu ärgern, zu ängstigen oder zu deprimieren. Andererseits bieten sie einem die Gelegenheit, innerlich zu wachsen und Gelassenheit, Geduld, Kreativität, Ausdauer und Selbstvertrauen zu entwickeln. Diese positiven Eigenschaften bringt man nur hervor, wenn man mit Schwierigkeiten konfrontiert ist. In einer idealen Welt wüssten wir überhaupt nicht, wozu Toleranz und Ausdauer gut sind; denn alle Wünsche würden sofort erfüllt. Deshalb sind diese Fähigkeiten in unserer Gesellschaft auch so unterentwickelt. Den meisten Menschen geht es im Großen und Ganzen so gut, dass sie wenig Gelegenheiten haben, Geduld und Gelassenheit zu entwickeln. Oft sind es diejenigen, die sich in einer Gesellschaft von unten nach oben arbeiten müssen, die dabei ausdauernder, geduldiger und kreativer werden als die anderen. Der verwöhnte Nachwuchs neigt eher zu Resignation, Ungeduld und geistiger Unbeweglichkeit. »Ich will alles jetzt sofort«, so lautet ihre Devise. Und wenn ihre Wünsche nicht gleich erfüllt werden, geben sie frustriert und über die Maßen gestresst auf.

Deshalb sollte man Probleme nicht vorschnell als Last empfinden. Sie machen das Leben, wenn auch oft gegen unseren Willen, zum Abenteuer. Das Typische an Problemen ist, dass wir sie uns nicht aussuchen. Wir bekommen sie einfach vom Leben vorgesetzt. Unsere Aufgabe ist es, Angst, Ärger und Enttäuschung, mitunter sogar Panik, Depressionen und Aggressionen als Teil jedes Problems und jedes Abenteuers zu bewältigen.

Wir sollten es uns ruhig eingestehen, wenn wir unsere Probleme hassen, und keines unserer Gefühle leugnen. Aber ebenso können wir fragen, was das Gute an dem Problem sein könnte, jedenfalls langfristig gesehen. Eine solche Sichtweise zaubert zwar kein einziges Problem hinweg. Aber wir öffnen uns damit der Möglichkeit, dass sich aus unseren Schwierigkeiten in naher oder ferner Zukunft etwas Positives entwickeln kann.

Eine Lösung ist eine Lösung ist eine Lösung

Bei der Lösung von Problemen sollte man nicht allzu wählerisch sein. Diese Erkenntnis ist bei weitem nicht selbstverständlich, wie die folgende Geschichte zeigt: Ein Dorf droht überschwemmt zu werden. Polizisten klopfen an jedes Haus und fordern die BewohnerInnen auf, ihr Dorf zu verlassen und sich in Sicherheit zu bringen. Einer weigert sich, denn er ist überzeugt: »Gott wird mich retten.« Als die Überschwemmung kommt, flüchtet er sich auf das Dach seines Hauses. Ein Boot nähert sich dem Haus. Der Mann weigert sich einzusteigen: »Gott wird mich retten.« Die Lage wird immer bedrohlicher. Helfer setzen einen Hubschrauber ein. Der Dorfbewohner lehnt ab: »Gott wird mich retten.« Nun ist es zu spät. Der Mann ertrinkt. Im Himmel angekommen, fragt er Petrus, warum Gott ihn nicht gerettet habe. Darauf poltert Petrus los: »Wir haben dir die Polizisten, ein Boot und dann auch noch einen Hubschrauber geschickt. Was hast du denn geglaubt, wie Gott dich retten wird?«

Etwas Ähnliches spielt sich manchmal ab, wenn wir uns etwas wünschen. Wir meinen, wir müssten selbst nichts tun. So sitzen wir da und warten: »Gott wird mir meine Wünsche erfüllen.« Wenn wir uns dann später bei Petrus beschweren, wird er uns wohl ebenfalls sagen: »Was dachtet ihr denn, wie eure Wünsche erfüllt werden? Wir haben euch alle Informationen gegeben. Ihr hättet sie ohne größere Mühe finden können. Wir haben BeraterInnen ausgebildet. Ihr hättet sie um Unterstützung bitten können. Damit nicht genug: Wir haben euch auch sonst alle Hilfsmittel bereitgestellt. Sie waren immer in eurer Reichweite. Was dachtet ihr denn, was wir noch tun würden?«

Eine Lösung ist eine Lösung. Wir sollten uns nicht auf eine bestimmte Vorstellung kaprizieren, wie ein Problem gelöst werden müsste, und erreichbare Lösungen nicht ausschlagen. Die Rechenaufgabe: 10 geteilt durch 4 kann man nicht durchführen, wenn man darauf besteht, dass als Ergebnis wieder eine ganze Zahl herauskommen muss. Wer eine etwa 2 × 1 m große Holzplatte benötigt, aber keine vorrätig hat oder kaufen kann, wird passen müssen, es sei denn, er hängt eine Tür aus, die man zweifellos auch als »Holzplatte« ansehen kann.

Eine Tochter des amerikanischen Psychotherapeuten Milton Erickson meinte, die Methode ihres Vaters habe darin bestanden, das zu nehmen, was funktionierte. Anders als Erickson sind viele TherapeutInnen an eine Lehrmeinung gebunden und auf bestimmte Interventionen festgelegt. Dann kann es passieren, dass der Therapeut am Schluss der Behandlung feststellen muss: »Hervorragende Technik, nur der falsche Patient.«

Also bleiben Sie auf der Suche nach Lösungen lieber pragmatisch. Nehmen Sie das, was funktioniert, auch wenn die Lösung anders aussieht, als Sie ursprünglich dachten.

Das 1 × 1 des Problemlösens

Als Erstes muss man sich darüber klar werden, worin das Problem besteht. Was genau ist das Problem? Was ist sein Kern? Was ist das Schlimmste daran? Mit der Antwort auf diese Fragen erhält man Punkt A.

Anschließend lässt man das Problem los. Gewiss, man könnte noch sehr viel darüber sagen. Mit Schwierigkeiten kann man

sich bis in alle Ewigkeit beschäftigen. Aber für unsere Zwecke brauchen wir einen einzigen Satz: »Das Problem, ist, dass ...« Zum Beispiel: »Das Problem ist, dass mein Mann trinkt.«
Als Zweites braucht man eine Vorstellung von der Lösung: Was ist das Ziel? Was will man erreichen? Was soll am Schluss aller Bemühungen dabei herauskommen? Mit der Antwort ermittelt man Punkt B. Auch hier brauchen wir einen einzigen Satz: »Mein Ziel ist es, dass ...« In unserem Beispiel: »Mein Ziel ist es, dass mein Mann aufhört zu trinken.«
Dazu einige Anmerkungen: Die Formulierung des Problems und der Lösung in einem Satz dient dazu, beides zuzuspitzen. Häufig denkt man über Schwierigkeiten und Ziele gar nicht oder nur sehr diffus nach. Man grübelt und grübelt, redet und redet, aber am Schluss weiß man nicht, was genau das Problem ist und wo man hin will. Um mit Aussicht auf Erfolg handeln zu können, braucht man Klarheit.
Als Ziel können Sie wählen, was Sie wollen. Es ist Ihr Ziel. Mag sein, dass es nicht erreichbar ist, aber das werden Sie gegebenenfalls merken. Da es hier um Problemlösungen in der Außenwelt geht, ist es in Ordnung. Ziele zu benennen, die die Veränderung von Menschen, Dingen und Situationen zum Inhalt haben. Es ist aber wichtig, sich darüber im Klaren zu bleiben, dass man letztendlich nicht erzwingen kann, was andere Menschen denken, sagen und tun, oder wie die Dinge und Situationen auf die eigenen Bemühungen »reagieren«. Falls Ihre Bemühungen also erfolglos bleiben, erinnern Sie sich daran, dass Sie immer noch die Möglichkeit haben, Ihr eigenes Denken, Fühlen und Handeln zu ändern. Diese Freiheit, zu denken und zu fühlen, was Sie wollen, kann Ihnen niemand nehmen.
In unserem Beispiel wären auch andere Ziele denkbar: »Mein Ziel ist es, mich von meinem Mann zu trennen und mir eine eigene Wohnung zu nehmen«, oder: »Mein Ziel ist es, glück-

lich und entspannt zu leben, unabhängig davon, ob mein Mann trinkt oder nicht«.

Nachdem man das Problem (Punkt A) und die Lösung (Punkt B) festgelegt hat, sucht man Wege, um von A nach B zu gelangen. Zu diesem Zweck listet man alle denkbaren Möglichkeiten auf. Danach entscheidet man sich für diejenige, die am erfolgversprechendsten ist.

Wenn man den Weg, für den man sich entschieden hat, auch tatsächlich geht und das erforderliche Glück hat, ist das Problem schließlich gelöst.

Falls es nicht gleich klappt, versucht man es noch einmal, vielleicht auf einem anderen Weg.

Es ist normal, dass bei der Umsetzung der geplanten Lösung Hindernisse auftreten und einige Wege sich sogar als unbrauchbar erweisen. Für jedes der kleinen und großen Hindernisse auf dem Weg beginnt man den Problemlösungsprozess von neuem. (Worin besteht das Hindernis? Was ist mein Ziel? Welche Möglichkeiten habe ich?)

Ganz unterschiedliche Möglichkeiten auszuprobieren, kann für den Erfolg entscheidend sein. Viele Menschen scheitern allein deshalb, weil sie immer wieder ein- und denselben Weg versuchen und sich trotz offensichtlicher Erfolglosigkeit nicht von ihm abbringen lassen. Dabei übersehen sie, dass nicht der Weg wichtig ist, sondern das Ziel. Also ist es von Vorteil, flexibel zu bleiben und – wenn nötig – auch mal etwas ganz anderes, vielleicht das Gegenteil, zu versuchen.

Falls man allein nicht weiterkommt, kann man Rat einholen bei FreundInnen und ExpertInnen. Am besten sind diejenigen geeignet, die das gleiche Problem hatten und eine Lösung gefunden haben.

Das 1 × 1 der Problemlösung ist im Prinzip einfach. Die Umsetzung kann ebenfalls einfach sein, vorausgesetzt, man

nimmt sich Zeit, geht in kleinen Schritten voran und – last, not least – entwickelt Gelassenheit.
Die Umsetzung muss aber nicht einfach sein. Wenn es einen einfachen und unfehlbaren Weg zur Lösung aller Probleme gäbe, wäre dieser seit langem allen Menschen bekannt. Das Universum möchte aber nicht, dass wir alles auf dem Silbertablett serviert bekommen. Wir sollen lernen, das innere und das äußere Spiel zu spielen.

Das innere und das äußere Spiel

Die Bezeichnung »inneres Spiel« stammt von dem amerikanischen Coach Timothy Gallwey, der zunächst beim Tennis, später beim Skifahren und Golf, neuerdings auch für die Bereiche Musizieren und Arbeiten, festgestellt hat, dass es nicht reicht, Bewegungen bzw. Arbeitsabläufe zu trainieren, um erfolgreich zu sein. Viele scheitern am inneren Spiel. Sie sind zu ungeduldig, beschimpfen sich bei Misserfolgen, konzentrieren sich auf Schwächen, haben zu wenig Selbstvertrauen, und so weiter. Gallwey hat also im Bereich des Sports dasselbe beobachtet, was bereits vor 2000 Jahren Epiktet und in neuerer Zeit Albert Ellis und Aaron T. Beck erkannt haben.
Für viele Vorhaben gibt es konkrete Anleitungen. Aber sie nützen einem nur, wenn man auch lernt, das innere Spiel zu spielen.
In den folgenden Abschnitten will ich auf vier Elemente des inneren Spiels näher eingehen: Motivation, Selbstvertrauen, Optimismus und Intuition. Von Gelassenheit, einer weiteren wichtigen Komponente, handelt das ganze Buch.

Motivation

Um etwas zu tun, braucht man einen guten Grund. Warum putzen Menschen ihre Schuhe, räumen ihr Zimmer auf, steigen auf den Mount Everest, tauchen auf den Meeresgrund, lachen, weinen oder lesen? Weil sie einen Grund haben. Nicht irgendeinen, sondern einen, der für sie überzeugend genug ist, um aktiv zu werden.

Ohne Motivation keine Bewegung. Die Gründe, etwas zu tun, sind so verschieden, wie die Menschen selbst. Der eine joggt, um abzunehmen, der andere, um sich seine Leistungsfähigkeit zu beweisen. Weil Motive so persönlich sind, können einige nicht begreifen, warum andere etwas tun, was sie selbst nie tun würden. Sie akzeptieren die Gründe der anderen nicht, weil es nicht ihre eigenen sind und weil sie sich in andere nicht hineinversetzen können. Deshalb ist es auch so schwer, andere zu motivieren. Man kann zwar anderen sagen, warum es sich lohnen könnte, etwas zu tun, aber ob sie darauf eingehen, das bleibt ihre Sache.

Was immer Sie vorhaben, fangen Sie erst an, wenn Sie gute Gründe dafür haben. Einfach »mal so« zu beginnen, das trägt Sie nicht über die Schwierigkeiten hinweg, denen Sie aller Wahrscheinlichkeit nach begegnen werden. Haben Sie dagegen überzeugende, starke Gründe, Ihre Ziele zu erreichen bzw. Ihre Probleme zu lösen, werden Sie auch dranbleiben, wenn nicht alles nach Ihren Wünschen geht.

Bei der Gelegenheit: Warum möchten Sie eigentlich gelassener sein und einen entspannten Lebensstil entwickeln?

Selbstvertrauen

»Ich kann es«, »Ich schaffe es«, solche und ähnliche Gedanken erzeugen Selbstvertrauen. Sie sind zu zentralen Überzeugungen von Menschen geworden, die Vertrauen in ihre Fähigkeiten besitzen. Aber diese Aussagen sind nur wirksam, wenn man sie für wahr hält. Es nützt wenig, sich immer wieder vorzusagen: »Ich kann es«, und insgeheim davon überzeugt zu sein: »Nein, ich kann es nicht.«

Wie entsteht die Überzeugung, etwas zu können? Und umgekehrt, unter welchen Umständen verliert man den Glauben an die eigenen Fähigkeiten?

In der Kognitiven Verhaltenstherapie sind verschiedene Denkfehler bekannt. Dazu zählen das Abwerten positiver Dinge, Alles-oder-nichts-Denken, Etikettieren, zu starkes Verallgemeinern (vor allem negativer Dinge), übertriebenes Selbstverantwortungsgefühl und absolute Forderungen stellen (Muss-Denken). Mit solchen Denkfehlern macht man sich das Leben schwer. Sie verhindern auch das Entstehen von Selbstvertrauen bzw. untergraben es.

Nehmen wir einmal an, jemand hat einen Erfolg erzielt und denkt: »Das war doch nichts. Das kann jeder. Nicht der Rede wert«. Damit wertet er sein Können ab. In unserer leistungssüchtigen Gesellschaft scheinen für manche Menschen nur Rekorde zu zählen.

Umgekehrt werden einzelne Misserfolge dramatisiert: »Ich kann aber auch gar nichts« (Alles-oder-nichts-Denken, zu starke negative Verallgemeinerung), »Ich bin ein Versager« (negatives Etikettieren), »Das ist allein meine Schuld« (übertriebene Selbstverantwortung), »Diese einfache Aufgabe hätte ich schaffen *müssen*«. Alle solche Überlegungen bei Fehlschlägen sind für das Selbstvertrauen schädlich.

Wer hat damit angefangen, so negativ über Leistungen zu denken bzw. zu reden? In vielen Fällen schwächen zunächst die Erwachsenen das Selbstvertrauen des Kindes. Sie reden ihm ein, unfähig zu sein. Manchmal nur auf einigen Gebieten (»In Mathe bist du eine Null«), in schlimmeren Fällen auf der ganzen Linie (»Aus dir wird nie etwas werden«).

Es kann aber auch sein, dass Kinder und Erwachsene von selbst anfangen, negativ über ihre Leistungen zu denken. Dieser Prozess beginnt damit, dass sie andere beobachten, sich mit ihnen vergleichen und dann zu der übertriebenen und endgültigen Feststellung kommen, ganz oder zum Teil unfähig zu sein.

Wer auch immer damit angefangen hat, das eigene Können in Frage zu stellen: Man kann diesen Prozess auch wieder umkehren. Deshalb ist die Klage über Eltern und LehrerInnen, die das eigene Selbstvertrauen untergraben haben, zwar einerseits berechtigt, andererseits aber auch einseitig vergangenheitsorientiert, weil man es als Erwachsener selbst in der Hand hat, in Zukunft die verinnerlichten negativen Beurteilungen des eigenen Könnens zu beenden und an ihre Stelle ermutigende Kommentare zu setzen.

Jeder kann sein Selbstvertrauen ganz allein stärken. Dazu ist Folgendes notwendig:

- jeden Erfolg und jede Leistung anerkennen, auch die kleinen, die man übersieht,
- Misserfolge und Fehler nicht überbewerten.

Auf diese Weise ermutigt man sich. Es ist nicht empfehlenswert, zu warten, bis andere einen loben. Jeder vernünftige

Mensch freut sich über die eigenen Leistungen. Aber man sollte auch nicht warten, bis andere einen kritisieren. Keiner ist perfekt. Deshalb darf man sich die eigenen Fehler ruhig eingestehen, ohne sie zu dramatisieren, und anschließend überlegen, wie man die Sache noch retten und das nächste Mal von vornherein anders machen kann.

Menschen mit Selbstvertrauen sind optimistisch. Sie nehmen das Beste an, und das heißt in diesem Fall, sie glauben daran, dass sie ihre Ziele erreichen werden, egal was passiert. Aus den Erfolgen der Vergangenheit schließen sie, dass sie ihr Leben auch in Zukunft mit Glück und Können meistern werden. Gewissheit darüber hat niemand. Deshalb heißt es ja auch Selbst*vertrauen*, und nicht Selbstgewissheit. Selbstgewissheit ist eine unecht wirkende Haltung von Menschen, die im Innersten unsicher sind, nach außen aber in übertriebener Weise so tun, als könne ihnen nichts misslingen. Selbstvertrauen schließt das Wissen um ein mögliches Scheitern mit ein. Gerade weil man weiß, dass das Vorhaben auch schiefgehen kann, überlegt man sorgfältig, wie man einen Misserfolg verhindert. Aufgrund solcher Überlegungen, bei denen man alle Eventualitäten in Gedanken einmal durchspielt, wird ein Erfolg umso wahrscheinlicher. Über das »Restrisiko« helfen Selbstvertrauen und Optimismus hinweg.

Optimismus

Damit wären wir gleich beim nächsten Thema. In diesem Abschnitt möchte ich Ihnen zeigen, wie Sie eine optimistische Einstellung aufbauen können und warum Positives Denken in vielen Fällen nicht genügt. Folgende Strategien kommen in Frage:

1. Pessimistische Gedanken erkennen und durch optimistische ersetzen.

Sobald man bemerkt, dass man sich angesichts von Problemen hilflos fühlt, wendet man sich seinen Gedanken zu, um herauszufinden, mit welchen Überlegungen man das Gefühl der Resignation hervorruft. Welche Gedanken füllen die folgende Lücke aus: »Sobald ich denke: ... fühle ich mich kraftlos und will aufgeben«?

Nachdem man weiß, was einem durch den Kopf geht, überprüft man die Stressgedanken. Der Hauptfehler, den man beim Denken immer wieder macht, besteht darin, Gedanken ungeprüft für wahr zu halten. Machen Sie es lieber wie eine gute Wissenschaftlerin. Fassen Sie Ihre Stressgedanken zunächst nur als Hypothesen, als reine Vermutungen auf, die erst noch auf ihre Richtigkeit hin überprüft werden müssen. Fragen Sie sich: Was beweist eigentlich, dass es wirklich so ist, wie ich es vermute? Was spricht gegen meine Annahmen?

Unbeweisbare pessimistische Gedanken ersetzen Sie durch optimistische Alternativen.

2. Typische pessimistische Erklärungsmuster erkennen und ersetzen.

Pessimisten und Optimisten unterscheiden sich u. a. darin, wie sie Misserfolge und Probleme bewerten.

Wie denken Pessimisten darüber?

- Das wird jetzt immer so bleiben.
- Daran kann man nichts ändern.
- Das verschlechtert mein gesamtes Leben.
- Ich bin schuld.

Optimisten sind vom Gegenteil überzeugt:

- Das geht vorüber.
- Ich kann etwas dagegen tun. Ich kann es ändern, zumindest teilweise.
- Das wirkt sich zwar auf einen Teil meines Lebens aus, aber nicht auf alles.
- Es liegt nicht nur an mir, sondern auch an den anderen und den Umständen.

Um Situationen optimistischer einzuschätzen, können Sie sich die folgenden Fragen stellen:

- Kann man die Tatsachen auch anders beurteilen?
- Wie kann man das Geschehen auf andere Weise erklären?
- Wie würde ein unbeteiligter Beobachter es sehen?

3. Die Konsequenzen bedenken und Aktionspläne entwerfen.

Bleibt noch die Frage: »Aber was ist, wenn ...« Optimisten weichen dieser Frage nicht aus. Hierin liegt ein deutlicher Unterschied zum Positiven Denken, bei dem man immer nur denkt: »Es wird schon gutgehen, es wird schon gutgehen.«

Man versucht, durch Selbstsuggestion alle Zweifel und Katastrophen-Erwartungen einfach wegzuwischen. Aber im Hintergrund lauert weiter die unbeantwortete Frage: »Aber was ist, wenn ...« Insgeheim ist man weiter von seinen negativen Annahmen überzeugt. Deshalb kommt man nicht umhin, sich seinen pessimistischen Erwartungen zu stellen und über Aktionspläne nachzudenken:

- Was ist das Schlimmste, das passieren könnte?
- Was ist das Beste, das geschehen könnte?
- Was ist wohl das Wahrscheinlichste?

Pessimisten malen nur schwarz und vergessen die beiden letzten Fragen.
Nachdem man die Fragen beantwortet hat, beschäftigt man sich mit konkreten Aktionsplänen:

- Was kann ich unternehmen, um die Situation zu verbessern, falls der schlechteste Fall eintritt?
- Was kann ich tun, damit der beste Fall eintritt?
- Was werde ich machen, wenn das Wahrscheinlichste passiert?

Wenn man sich so vorbereitet hat, ist man nie hilflos. Aufgrund der eigenen Handlungsmöglichkeiten zeichnet sich am Horizont immer ein Silberstreifen ab.

4. Optimismus regelmäßig trainieren.

Optimistisches Denken lässt sich durch Übung widerstandsfähig machen. Dazu brauchen Sie ein Blatt Papier oder einen

Partner. Nehmen Sie eine Situation, über die Sie pessimistisch denken. Schreiben Sie alle Ihre Gedanken dazu auf die linke Hälfte des Blattes. Auf der rechten Seite widersprechen Sie diesen Gedanken. Verlangen Sie Beweise. Führen Sie Gegenbeweise an. Finden Sie Argumente, wie man die Sache sonst noch sehen kann, wie sie zum Beispiel ein Unbeteiligter oder ein Freund sehen würde. Betrachten Sie sämtliche Folgen, die sich aus der Situation ergeben könnten, auch die bestmöglichen. Entwickeln Sie für jede mögliche Folge einen Aktionsplan. Konzentrieren Sie sich darauf, den besten Fall herbeizuführen und den schlimmstmöglichen aktiv zu verhindern.

Wenn Sie einen Partner für diese Übung finden können, ist es seine Aufgabe, den Advocatus Diaboli zu spielen. Er soll auf alles, was Sie sagen, immer wieder Zweifel und pessimistische Ansichten äußern. Sie stellen sich darauf ein, nichts unwidersprochen zu lassen. Bringen Sie Beweise und Gegenbeweise zur Sprache, nehmen Sie den gegenteiligen Standpunkt ein, antworten Sie auf die möglichen negativen Konsequenzen mit Aktionsplänen. Anschließend können Sie die Rollen tauschen.

Falls Sie mehr über die Stärkung optimistischen Denkens wissen möchten, empfehle ich Ihnen das Buch von Martin Seligman »Kinder brauchen Optimismus«. Er hat ein Programm entwickelt, um Kinder gegen Pessimismus immun zu machen. Dazu müssen die Eltern und Lehrer natürlich selbst erst einmal Optimismus lernen (Erwachsene brauchen Optimismus). Deshalb richtet sich Seligmans Buch an Erwachsene. Es ist eines der besten Bücher zum Thema und zur Kognitiven Verhaltenstherapie überhaupt.

Intuition

Intuition kann die entscheidende Hilfe bei der Lösung von Problemen sein. Wenn alle bisherigen Informationen nicht weitergeführt haben und man eine Orientierungshilfe benötigt, ist Intuition sehr nützlich.

Wir überblicken stets nur einen kleinen Teil unserer bisherigen Erfahrungen. Die begrenzte Sichtweise ist mit bloßem Nachdenken nicht zu überwinden. Man braucht einen Zugang zu allen in der Vergangenheit gesammelten Informationen sowie neue kreative Einfälle. An dieser Stelle leistet die Intuition unschätzbare Dienste.

Man kann sich neue Informationen erschließen, indem man auf seinen Körper, seine Gefühle, seine Träume und seine innere Stimme hört. Die innere Stimme aber ist nicht die, mit der man sich ängstigt, deprimiert, beschimpft oder wütend macht. Sie hat einen anderen Ton. Sie sagt einem freundlich: »Probier es doch mal damit.« Die Stimme der Intuition ist informativ, freundlich und beratend.

Träume sind ohne Kenntnisse und Übung schlecht zu verstehen. Bleibt man an ihrer Oberfläche, kann einen die dramatische Bildersprache erschrecken. Die eigentliche Botschaft des Traums bleibt dann unerkannt. Deshalb kann es sich lohnen, die eigene Traumsprache kennenzulernen und sie wie eine fremde Sprache nach und nach zu verstehen. Eine Reihe von AutorInnen hat sich mit diesem Thema befasst. In vielen Buchhandlungen und Büchereien finden Sie gute Anleitungen dazu.

Auf den Körper zu hören, das ist unerlässlich, wenn man eine zuverlässige Orientierung sucht. Eine Methode zur Kommunikation mit dem Körper heißt »Focusing«. Dabei interpretieren Sie die unbestimmten Empfindungen, die Sie in Ihrer Körpermitte spüren. Falls Sie einen passenden Ausdruck für die Bedeutung Ihrer vagen Gefühle finden, können Sie diese Übereinstimmung ebenfalls in Ihrem Körper spüren. Auf solche Weise tasten Sie sich langsam voran.

Der Informationsgehalt von Gefühlen ist sehr unterschiedlich. Klar bestimmbare Gefühle wie Freude, Trauer und Angst sind Ausdruck bestimmter Gedanken. Daneben gibt es aber Gefühle, die vage und nicht sofort bestimmbar sind. Da ist »so ein Gefühl«, eine Ahnung, aber man weiß noch nicht, was dieses Gefühl sagen will, welche Bedeutung es in sich trägt. Diese gefühlten Bedeutungen in eine verständliche Sprache zu übersetzen, kann einem neue Wege und Lösungen eröffnen. Im Literaturverzeichnis habe ich einige Bücher zum Focusing aufgeführt.

Wie Sie die Intuition zur Lösung von Problemen einsetzen können, das will ich Ihnen an einem Beispiel zeigen. Nehmen wir an, Sie suchen einen neuen Arbeitsplatz und haben sich drei mögliche Firmen angesehen. Sie haben Glück, alle drei möchten Sie gerne beschäftigen. Aber für welche Firma sollen Sie sich entscheiden? Sie können zunächst rein rational das Pro und Contra für jede Alternative auflisten. Aber unglücklicherweise halten sich die Vor- und Nachteile bei allen drei Unternehmen die Waage. Sie fragen drei FreundInnen, aber jede rät Ihnen zu einer anderen Firma. Was tun? Sie könnten würfeln. Aber das finden Sie unbefriedigend. An diesem Punkt könnten Sie sich fragen, was Ihnen die Intuition sagt. Haben Sie Träume, die Ihnen Hinweise für die richtige Entscheidung geben? Was sagte Ihre innere Stimme? Haben Sie schon auf Ihren Körper gehört? Welche Resonanz stellt sich bei den verschiedenen Alternativen ein?

Falls eine solche Art der Problemlösung für Sie neu ist, kommt Ihnen das alles vielleicht ein bisschen komisch und suspekt vor. Dann geht es Ihnen wie mir. Ich habe auch keine Lust, auf jeden Spinner hereinzufallen. Und auf dem Gebiet der Intuition scheint es mehr davon zu geben als auf jedem anderen.

Intuition und Intellekt müssen sich aber nicht ausschließen. Der amerikanische Herzspezialist Dean Ornish hat nachgewiesen, dass Methoden des Yoga bei der Behandlung schwerer Herzkrankheiten wirksamer sein können als Medikamente und Chirurgie. Wer hätte gedacht, dass fettfreie Ernährung, Bewegung, Meditation sowie soziale und spirituelle Bindungen schwere Schäden am Herzen heilen können? Ornish hat seinen wissenschaftlichen Ruf nur dadurch retten können, dass er seine Annahmen durch gut dokumentierte Studien bewiesen hat. Nachzulesen ist dies in seinem Buch »Revolution in der Herztherapie«.

In einem neueren Buch (»Love and Survival«, deutscher Titel: »Die revolutionäre Therapie: Heilen mit Liebe«) hat er weitere wissenschaftliche Studien gesammelt, die auch bei anderen schweren Erkrankungen die Heilkraft sozialer und spiritueller Bindungen belegen.

Ein anderer Arzt und Wissenschaftler, Herbert Benson, hat schon Mitte der 70er Jahre herausgefunden, dass die Transzendentale Meditation (TM) des indischen Gurus Maharishi Mahesh Yogi zahlreiche positive Auswirkungen auf den menschlichen Körper und Geist hat. Er hat diese heilsamen Wirkungen als Entspannungsreaktion bezeichnet, also als das Gegenteil der schädlichen Stressreaktion. Zugleich hat er nachgewiesen, dass die Entspannungsreaktion nicht nur mit speziellen Mantras (Silben oder Wörter, die im Yoga bei der Meditation still oder laut gesprochen oder gesungen werden)

ausgelöst wird, sondern mit beliebigen »sinnlosen« Silben aus dem Wörterbuch.
Eine gewisse Tragik liegt darin, dass sich Herbert Benson erst zwanzig Jahre später selbst getraut hat zu meditieren, weil er bis dahin der Überzeugung war, als Wissenschaftler strikte Distanz zu seinem Forschungsobjekt halten zu müssen. Normalerweise zeichnet sich Wissenschaft durch Neugier und Offenheit aus. Benson musste aber mit seinen ketzerischen Ansichten genauso wie Ornish den Ausschluss aus der Gemeinschaft der Wissenschaftler befürchten, also quasi die Exkommunikation. Daran zeigt sich, dass Wissenschaft heute eine ähnliche Formation und einen ähnlich fundamentalistischen Dogmatismus angenommen hat wie die katholische Kirche auf dem Höhepunkt ihrer Macht.
Mit wahrer Wissenschaft hat das freilich wenig zu tun. Nur zweitklassige Wissenschaftler glauben an die unbedingte Wahrheit ihrer Erkenntnisse, die anderen wissen, dass wissenschaftliche Theorien ein rasches Verfallsdatum haben und nur so lange gelten, bis sie ganz oder teilweise widerlegt werden. Es ist völlig irrational, wissenschaftliche Reputation an den Bestand von Thesen zu knüpfen (»Was ich sage, *muss* richtig sein! Wenn es sich als falsch erweist, bin ich eine Null.«). Wissenschaft ist eine Methode und kein Glaubensbekenntnis. Sie zeichnet sich dadurch aus, dass sie neugierig und offen für neue Erkenntnisse ist. Ein Wissenschaftler, der als Autorität mit unumstößlichen Wahrheiten auftritt, ist wahrlich keiner.
Nun wird es Sie nicht überraschen, dass eine weitere Ärztin, Judith Orloff, lange Zeit ihre intuitiven Fähigkeiten aus ihrer Tätigkeit herausgehalten hat, um ihren Ruf nicht aufs Spiel zu setzen. Wie es ihr schließlich gelang, ihre intuitiven Fähigkeiten in ihr Leben und ihren Beruf zu integrieren, be-

schreibt sie in ihrem Buch »Second Sight« (deutsch: »Jenseits der Angst«).

Ihr zweites Buch »Intuitive Healing« (die deutsche Ausgabe »Die Kraft in mir« ist leider um zwei Kapitel gekürzt) ist eine ausgezeichnete Darstellung intuitiver Methoden. Ich möchte es Ihnen sehr empfehlen, wenn Sie an diesem Thema interessiert sind.

Wer nicht an Wunder glaube, sei kein Realist, hat der israelische Politiker Ben Gurion gesagt. Die menschliche Existenz ist rätselhaft. Zu viele Dinge sind unerklärlich, als dass man etwas mit absoluter Gewissheit als wahr oder unwahr annehmen darf. Die bisherigen Irrtümer der Menschheit mahnen zu Vorsicht und Skepsis.

In meinen Büchern stütze ich mich auf das psychologische Konzept der Kognitiven Verhaltenstherapie. Diese Methode ist im Gegensatz zu vielen anderen empirisch gut überprüft und hat sich als wirksam erwiesen bei der Überwindung von Depressionen, Ängsten, Süchten und anderen psychischen Problemen. Deshalb ziehe ich sie anderen Verfahren vor.

Trotzdem kann auch sie nicht immer und nicht jedem helfen. Deshalb wäre es meines Erachtens ein schwerer Fehler, die Intelligenz des Körpers, der gefühlten Bedeutungen, der inneren Stimme und der Träume, kurzum: die Intuition, zu missachten. Jede Methode, die nicht selbst ein Teil des Problems ist, sondern einen Beitrag zur Lösung von Problemen leistet, ist willkommen.

Träume wahr machen

Zum Glück besteht das Leben nicht nur aus Problemen. Das sollte man sich immer wieder klarmachen und sich positive Ziele setzen, die den eigenen Bedürfnissen entsprechen. Die Vorfreude auf das Erreichen der Ziele gibt einem die Kraft, auch die Probleme in den Griff zu bekommen. Wenn man im Leben vieles von dem erreicht, was man gerne möchte, hat man gut lachen. Blickt man auf seine Erfolge, kann man die Fehlschläge und Probleme deutlich gelassener sehen.

Zu einem glücklichen Leben gehört das Verwirklichen eigener Lebensträume. Zwischen dem Wahrmachen von Träumen und dem Lösen von Problemen bestehen viele Gemeinsamkeiten. Nur der Ausgangspunkt ist anders. Bei Problemen ist es nötig, sich zunächst von den momentanen Sorgen und Hindernissen zu lösen, indem man die Vorstellung von einem sorgenfreien Leben zurückgewinnt. Sobald man das Bild von einem glücklichen und zufriedenen Leben hat, kann man Schritt für Schritt mit der Realisierung beginnen. Empfindet man sein Leben dagegen bereits als relativ angenehm, fügt man seinen Plänen lediglich neue Ziele hinzu.

»Das ist toll, großartig, super«, so oder so ähnlich sollte man über seine Ziele denken. Pläne, bei denen man sich höchstens ein »Na ja« abringen kann, kann man getrost gleich zu Beginn wieder fallen lassen. Nur das, worüber man sich beim bloßen Drandenken freut, bereichert das Leben.

Ob man weiß, warum einen die neuen Ziele so begeistern, das ist im Prinzip gleichgültig. Allerdings hat es Vorteile, die Gründe für seine Freude aufzählen zu können, wenn Hindernisse auftauchen. Hindernisse haben die unangenehme Eigenschaft, dass sie einem die Motivation rauben können.

(Diese Formulierung ist reinstes AC-Denken, aber wenn Sie das Buch bis hierhin aufmerksam gelesen haben, können Sie erkennen, wer hier wem die Motivation raubt.) Indem man sich an seine anfängliche Begeisterung und die Gründe dafür erinnert, kann man seine Motivation neu aufbauen. Deshalb lohnt es sich, sich alle mit dem Ziel zusammenhängenden glücklichen Gedanken bewusst zu machen.

Aus den Überlegungen, wie man das Ziel erreichen könnte, leitet man kleine tägliche Schritte ab. Und dann geht es los.

Natürlich treten irgendwann Schwierigkeiten auf. Wenn man ans Ziel gelangen will, muss man sie alle irgendwie lösen. Womit wir wieder beim Problemlöseprozess angekommen wären.

Selbstvertrauen, Optimismus und Intuition gehören in jeden psychologischen Werkzeugkasten, damit man innerlich gegen Schwierigkeiten gerüstet ist.

Damit ist Teil 1 für den äußeren Weg zur Gelassenheit komplett. Jetzt brauchen wir nur noch Teil 2, den Feinschliff. Hier kommt die Anleitung dafür:

Genießen lernen

Sich Zeit lassen

Ziele sind wichtig. Aber man darf sie nicht überbewerten. Wenn man sich erst einmal ein Ziel gesetzt hat, zählt vor allem der Weg dorthin. Man kann eine angenehme Reise oder eine Ochsentour daraus machen.

Viele denken, sie müssten sich in ihrer Freizeit etwas leisten. Sie nehmen sich mehr vor, als sie schaffen können, und jagen von einer Sache zur nächsten. Je mehr, desto besser, glauben sie. Anschließend beklagen sie, dass sie so erschöpft sind und die freie Zeit so wenig genossen haben. Trotzdem wiederholen sie den Fehler beim nächsten Mal sofort wieder.

Deshalb ist es problematisch, sich vorzunehmen, jeden einzelnen Tag seines Lebens zu genießen. Darin liegt bereits wieder ein Streben nach Perfektion und Leistung. Erst wenn man sich erlaubt, auch mal Tage zu verschenken, ist man innerlich frei und nicht mehr verpflichtet, jeden einzelnen Tag oder gar jede einzelne Minute genießen zu *müssen*.

Innere Freiheit ist eine Vorbedingung für Genuss, die Freiheit, genießen zu können, und nicht zu müssen. In unserer rigiden Leistungsgesellschaft haben viele Menschen gar nicht gelernt, sich ihres Lebens zu erfreuen. Dabei lautet kein einziges der 10 Gebote: »Du darfst dein Leben nicht genießen.« Aber stillschweigend hat man es zum 11. Gebot erkoren, und leider gehört es oft zu den wenigen, die stets eingehalten werden.

Der Schlüssel zum Genuss besteht darin, sich Zeit zu lassen. Außerdem sollte man lieber kleine Schritte machen und Qualität vor Quantität setzen. Weniger ist mehr. Unsere Gesellschaft glaubt jedoch das glatte Gegenteil. Beschleunigung heißt das Credo der modernen Zeit. Während früher nach dem Stand der Sonne und nach Jahreszeiten gerechnet wurde, sind inzwischen die Sekunden, ja Bruchteile von Sekunden, wichtig geworden. Man muss also schon gegen den Strom schwimmen, wenn man genießen will.

Aber wer gibt sich mit kleinen Schritten zufrieden? Wer ist bereit zu verzichten? »Ich will alles, und zwar sofort«, mit dieser Losung findet man leicht Gleichgesinnte. Schon das einfache Warten überfordert heute viele Menschen. Es wird überall gedrängelt und Gas gegeben, und darauf ist man auch noch stolz.

Aber diese Menschen zahlen einen hohen Preis. Ihnen mag vieles gelingen. Sie mögen als Erste ankommen, aber sie verfehlen das Wesentliche: ihr Leben zu genießen.

Für alle, die nicht mehr richtig wissen, was Genuss bedeutet, hier eine kleine Anleitung: Genießen funktioniert im Prinzip so wie die oben beschriebenen Meditationen. Beim Genießen ist das Angenehme das Objekt der Aufmerksamkeit. Alles andere, wie z. B. Leistungsstreben, wird zeitweise ausgeblendet. Drängen sich Gedanken dazwischen oder wird man sonst irgendwie abgelenkt, kehrt man zur Wahrnehmung des Angenehmen zurück, sobald man bemerkt, dass man nicht mehr bei der Sache ist.

Daran sehen Sie bereits, dass es nicht von den Umständen oder dem Zufall abhängt, ob man genießen kann oder nicht. Wahrnehmung und entspannte Konzentration sind gefragt.

Genuss ist machbar. Man braucht sich nur etwas Schönes vorzunehmen und dieses Vorhaben umzusetzen. Dann kann die Meditation über das Schöne und Angenehme beginnen. Ebenso kann man sich auch den schönen Dingen öffnen, die sich zufällig ergeben. Wenn man erst einmal weiß, wie es geht, findet man überall Gelegenheiten, sein Leben zu genießen.

Genuss ist auch möglich, indem man sich an Angenehmes und Schönes erinnert. Auch dafür kann man sich Zeit nehmen.

Lassen Sie sich von anderen nicht vorschreiben, was Sie zu genießen haben. Genuss ist subjektiv. Ein paar Rigide müssen bei allem und jedem einen Kanon aufstellen. Was man gelesen haben *muss*, was man in der Schule lernen *muss*. Die kleinen und großen Diktatoren geben keine Ruhe. Und so stellen die »wahren Genießer des Lebens«, die Gourmets und Pfeifenraucher, natürlich auch einen Genuss-Kanon auf: Hummer, Champagner, Luxus-Limousinen und Ähnliches. Beachten Sie diese Leute nicht, sondern tun und lassen Sie einfach, was Ihnen Spaß macht. Wenn Champagner für Sie ein Genuss ist, warum nicht? Aber es gibt hier kein Muss.

Auch wenn einige es damit verwechseln – Lebenskunst ist etwas anderes als die Befolgung von Vorschriften, die selbsternannte Genießer aufgestellt haben. LebenskünstlerInnen sind in der Lage, quasi aus dem Nichts etwas zu machen. Sie nehmen das Angenehme und Schöne auch dort wahr, wo andere es übersehen.

Und damit schließt sich der Kreis: Ist es überhaupt möglich, gleichzeitig Probleme zu lösen und zu genießen? Ja, es ist eine Frage der Aufmerksamkeit. Man kann lernen, mit Problemen zu leben. Probleme sind Teil jedes Lebens, meines, Ihres und aller anderen Menschen auch. Aber man kann seine Probleme zeitweise loslassen und sich mit voller Aufmerksamkeit den schönen Seiten des Lebens widmen. Auch während man Lösungen sucht, kann man auf das Erfreuliche achten. Und vor allem: Mit einiger Übung entdeckt man das Schöne und Angenehme auch dort, wo man es bisher übersehen hat. Das Paradies ist immer nur einen Moment der Aufmerksamkeit entfernt.

Wohlfühlen

Gelassenheit beginnt im Kopf und überträgt sich auf den Körper. Beruhigende Gedanken entspannen den Körper, und ein entspannter Körper beruhigt das Denken.
Wir können die Gelassenheit, die wir durch ruhige, sachliche Gedanken herbeiführen, durch die Pflege unseres Körpers noch erheblich vertiefen. Gelassenem Denken fehlt die Basis, wenn wir unseren Körper im Stich lassen.
Umgekehrt ist körperliche Entspannung durch Stressgedanken jederzeit gefährdet. Entspannungsverfahren büßen einen großen Teil ihrer Wirksamkeit ein, wenn die Betroffenen weiterhin die Tatsachen dramatisieren und ihre Aufmerksamkeit vorzugsweise auf die unangenehmen Dinge lenken. Vertrauen, Optimismus, Gelassenheit – alles geistige Fähigkeiten – und ein ausgeruhter, wohlgenährter und gut trainierter Körper sind zusammen unschlagbar.
Nehmen Sie sich Zeit, um herauszufinden, was Ihr Körper braucht, um sich richtig wohlzufühlen. Die wichtigsten körperlichen Wellness-Themen sind Ernährung, Bewegung, Entspannung und Schlaf. Aber auch die Pflege des Körpers, die

Kleidung, die Einrichtung der Wohnung und die Wohnumgebung zählen dazu.
Sobald wir auf die Signale unseres Körpers achten, erhalten wir eine Vielzahl von Informationen. Unser Körper sagt uns, wann, was und auch wie viel er essen und trinken möchte, wann er Bewegung oder Ruhe und Schlaf braucht. In unserer körperfeindlichen Kultur haben wir es leider verlernt, auf unseren Körper zu hören. Wir ignorieren es, wenn er müde ist oder sich bewegen möchte oder aufhören will zu essen. Er reagiert in diesen Fällen erst mit Unbehagen, dann mit leichten Störungen und Schmerzen und zum Schluss mit starken Schmerzen und schweren Krankheiten. Die Frage ist also nicht, ob wir auf unseren Körper hören, sondern wann. Reagieren wir auf ein Flüstern und sanftes Bitten, oder muss unser Körper erst schreien?
Ein gut trainierter gesunder Körper verfügt über beträchtliche Reserven. Er kann auch ab und zu auf Schlaf und Ruhepausen verzichten, ebenso auf Essen und Bewegung. Irgendwann müssen die Reserven aber wieder aufgefüllt werden.
Sind wir ausgeschlafen, satt und gesund, fällt es uns wesentlich leichter, ruhig und gelassen zu bleiben. Unsere Spielräume sind größer, weil wir wissen, dass wir körperlich kräftig und innerlich stark sind.
Also geben Sie Ihrem Körper, was er braucht, falls Sie es nicht ohnehin schon tun. Setzen Sie sich gesunde Ziele für Ihre Ernährung, Fitness und Erholung. Fangen Sie mit kleinen Schritten an, und überwinden Sie alle auftauchenden Hindernisse. Sorgen Sie dafür, dass Sie sich dabei wohlfühlen. Wenn Sie Ihr Fitnesstraining, Ihre Entspannungsübungen und Ihre Diät als quälend empfinden, machen Sie irgendetwas falsch. Lassen Sie sich beraten. Es gibt zahlreiche Bücher

und BeraterInnen, die Ihnen weiterhelfen können. Aber fallen Sie nicht auf Fitness-, Ernährungs- oder Sonstwie-Gurus herein. Folgen Sie keinem Ratschlag blind. Ihr wichtigster Ratgeber ist und bleibt Ihr Körper. Fragen Sie ihn, hören Sie ihm zu und tun Sie, was er Ihnen sagt. Er wird es Ihnen mit Wohlbefinden danken.

Was Sie durch einen entspannten Lebensstil gewinnen

Zum Ende hin möchte ich die Geschenke aufzählen, die Sie erhalten, wenn Sie sich für einen entspannten Lebensstil entscheiden.

Das erste Geschenk ist innere Ruhe. Anders als die meisten Menschen sind Sie innerlich von den äußeren Umständen nicht mehr so abhängig. Sie können gelassen bleiben, auch wenn es in der Außenwelt turbulent zugeht. Das Gefühl der Ruhe begleitet Sie durch alle Aufs und Abs des Lebens. Falls Sie es verlieren – und das wird immer wieder vorkommen –, wissen Sie, wie und wo Sie es wiederfinden können.

Das zweite Geschenk ist Freiheit. Sie fühlen sich nicht mehr als Opfer anderer Menschen oder der Umstände, sondern sind sich Ihrer Wahlmöglichkeiten bewusst. Sie können Ihren Weg fortsetzen, die Richtung ändern oder umkehren. Da Sie sich nicht mehr an Äußerlichkeiten klammern und sich Ihrer Freiheit bewusst sind, können Sie in Ruhe Ihre augenblickliche Lage beurteilen und die weitere Richtung bestimmen.

Das dritte Geschenk ist Glück. Sie ruhen in sich und sind durch nichts zu erschüttern. Diese innere Geborgenheit ist mit Geld nicht zu kaufen. Es ist auch kein lautes Glück. Vielmehr spüren Sie eine Zufriedenheit, die Ihnen bisher vielleicht fremd war. Zufriedenheit ist ein Gefühl, das viele trotz äußeren Wohlstands schmerzlich vermissen.

Sie brauchen auch nicht zu warten, bis die äußere Welt

friedlich geworden ist. Selbstverständlich hindert Sie nichts daran, sich auch für Frieden in Ihrer Umwelt einzusetzen. Aber Ihr größter Beitrag besteht wahrscheinlich schon darin, dass Sie selbst friedlich sind. Sie geben anderen ein lebendiges Beispiel und beweisen, dass es auch anders geht, dass man nicht herumhetzen und wegen jeder Widrigkeit leiden muss.

Das vierte Geschenk ist Wohlgefühl. Gelassenheit fühlt sich gut an. Das heißt, wenn Sie sich dabei nicht wohlfühlen, dann ist es nicht Gelassenheit, was Sie praktizieren, sondern irgendetwas anderes. Gelassenheit beseitigt zwar keine körperlichen Schmerzen, aber manchmal lindert sie diese erheblich. Und in jedem Fall verhindert eine gelassene Einstellung, dass körperliche Schmerzen auch Ihren Geist, Ihre innere Verfassung ergreifen.

Das fünfte Geschenk ist Harmonie. Plötzlich darf die Welt so sein, wie sie ist. Sie müssen nicht mehr ständig eingreifen. Aber auch Sie selbst dürfen mit einem Mal so sein, wie Sie sind. Sie stehen zu sich. Die nörgelnde Selbstkritik hat ein Ende, und die Kritik der anderen prallt an Ihnen ab. Sie kommen im Allgemeinen mit Ihren Mitmenschen besser aus. Ihr Bedürfnis, dass diese so sein müssen, wie Sie es verlangen, nimmt ab. Sie sind toleranter und lassen auch mal alle fünfe gerade sein. Sie können besser über die Schwächen anderer hinwegsehen.

Ein entspannter Lebensstil ermöglicht Ihnen, alles in Ruhe zu betrachten. Die Welt muss sich nicht mehr ausschließlich um Sie drehen. Dadurch sehen Sie vieles objektiver, wie zum ersten Mal. Neugierig und staunend lernen Sie dazu.

Sie fühlen sich reich und beschenkt, und stehen nicht mehr unter dem inneren Zwang, etwas Bestimmtes um jeden Preis erreichen zu müssen. Sie sind gewissermaßen immer am Ziel, aber Sie können und dürfen gestalten, lernen, staunen und genießen. Sie sind nicht mehr getrieben, sondern motiviert und freuen sich über das, was Sie haben und sind. Auch auf das, was Sie in Zukunft noch erreichen werden, freuen Sie sich, befreit von Stress, Ungeduld und Hast.

Unabhängig von den Umständen, sind Sie nur wenige Gedanken von einem entspannten Lebensstil entfernt. Der Weg steht immer offen. Sie haben die Wahl.

Literaturverzeichnis

Beck, Aaron T.: Wahrnehmung der Wirklichkeit und Neurose. Kognitive Psychotherapie emotionaler Störungen. München 1979

Burns, David D.: Feeling Good. The New Mood Therapy, New York 1980

Burns, David D.: The Feeling Good Handbook. New York 1986

Ellis, Albert: Training der Gefühle. Wie Sie sich hartnäckig weigern, unglücklich zu sein. Landsberg am Lech, 3. Aufl. 2000

Emery, Gary: Rapid Relief from Emotional Distress. New York 1986

Epiktet: Wege zum glücklichen Handeln. Frankfurt am Main 1992

Gendlin, Eugene: Dein Körper – Dein Traumdeuter. Salzburg 1987

Golas, Thaddeus: Der Erleuchtung ist es egal, wie du sie erlangst. München 2003

Greenberger, Dennis / Padesky, Christine A.: Mind Over Mood. Change How You Feel by Changing the Way You Think. New York 1995

Hohensee, Thomas: Das Erfolgsbuch für Faule. Entdecken Sie, was Sie wirklich wollen und wie Sie es ohne Stress erreichen. München, 2. Aufl. 2003

Hohensee, Thomas: Glücklich wie ein Buddha. Sechs Strategien, alle Lebenslagen zu meistern. Stuttgart, 2. Aufl. 2003

Jacobson, Edmund: Entspannung als Therapie. Progressive Relaxation in Theorie und Praxis. München, 3. Aufl. 1996

Kaluza, Gert: Gelassen und sicher im Streß. Psychologisches Programm zur Gesundheitsförderung. Berlin, 2. Aufl. 1996

Lindemann, Hannes: Autogenes Training. Der bewährte Weg zur Entspannung. München 2002

Orloff, Judith: Die Kraft in mir: Fünf Schritte zu körperlicher, emotionaler und sexueller Gesundheit. München 2001

Ornish, Dean: Revolution in der Herztherapie. Stuttgart 1998

Ornish, Dean: Die revolutionäre Therapie: Heilen mit Liebe. München 2001

Seligman, Martin E. P. / Reivich, Karen / Jaycox, Lisa / Gillham, Jane: Kinder brauchen Optimismus. Reinbek 1999

Siems, Martin: Dein Körper weiß die Antwort. Focusing als Methode der Selbsterfahrung. Eine praktische Anleitung. Reinbek 1986

Weiser Cornell, Ann: Focusing – Der Stimme des Körpers folgen. Anleitungen und Übungen zur Selbsterfahrung. Reinbek 2000

Wolf, Doris / Merkle, Rolf: Gefühle verstehen, Probleme bewältigen. Mannheim, 13. Aufl. 1996